图书在版编目（CIP）数据

北京区域统计年鉴. 2020 / 北京市统计局, 国家统计局北京调查总队编. —北京：中国统计出版社, 2020.11
ISBN 978-7-5037-9384-4

Ⅰ. ①北… Ⅱ. ①北… ②国… Ⅲ. ①统计资料－北京－2020－年鉴
Ⅳ. ①C832.1-54

中国版本图书馆CIP数据核字(2020)第226874号

北京区域统计年鉴-2020

作　　者：北京市统计局 国家统计局北京调查总队
责任编辑：李 冲
封面设计：揽胜视觉
出版发行：中国统计出版社有限公司
地　　址：北京市西城区月坛南街57号 邮政编码/100826
办公地址：北京市丰台区西三环南路甲6号 邮政编码/100073
电　　话：邮购 (010) 63376909 书店 (010) 68783171
网　　址：http://www.zgtjcbs.com
印　　刷：北京力信诚印刷有限公司
经　　销：新华书店
开　　本：890mm×1240mm 1/16
字　　数：500千字
印　　张：19 彩页2.25
版　　别：2020年11月第1版
版　　次：2020年11月第1次印刷
定　　价：180.00元

本书附同版本CD-ROM一张，光盘内容以书面文字为准。

东城区

地区生产总值（亿元）

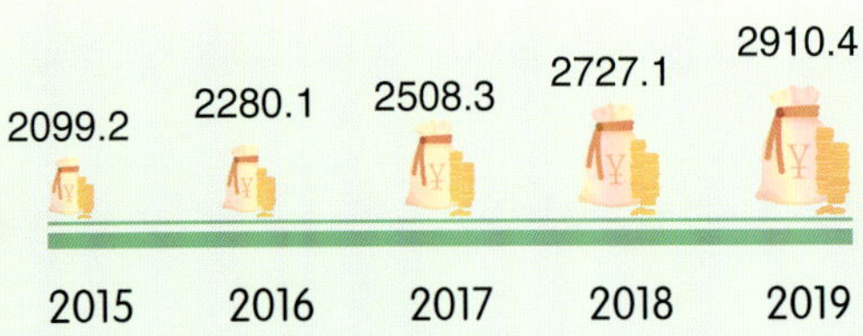

一般公共预算收入（亿元）

规模以上文化及相关产业收入及其分类
合计 1736.4 亿元

内容创作生产
收入合计
354.2 亿元

创意设计服务
收入合计
354.2 亿元

文化辅助生产和中介服务
收入合计
94.5 亿元

文化消费终端生产
收入合计
51.5 亿元

文化娱乐休闲服务
收入合计
354.2 亿元

文化装备生产
收入合计
354.2 亿元

文化传播渠道
收入合计
900.1 亿元

社会消费品零售总额（亿元）

居民人均可支配收入（元）

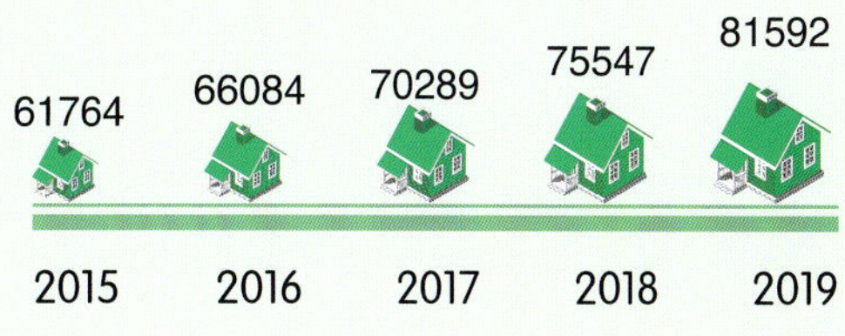

西城区

地区生产总值（亿元）

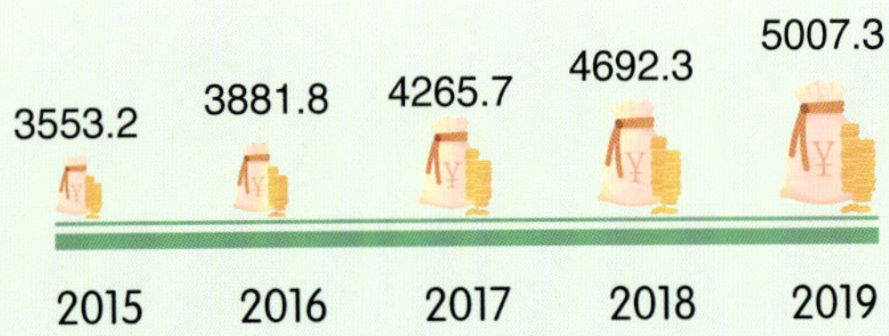

一般公共预算收入（亿元）

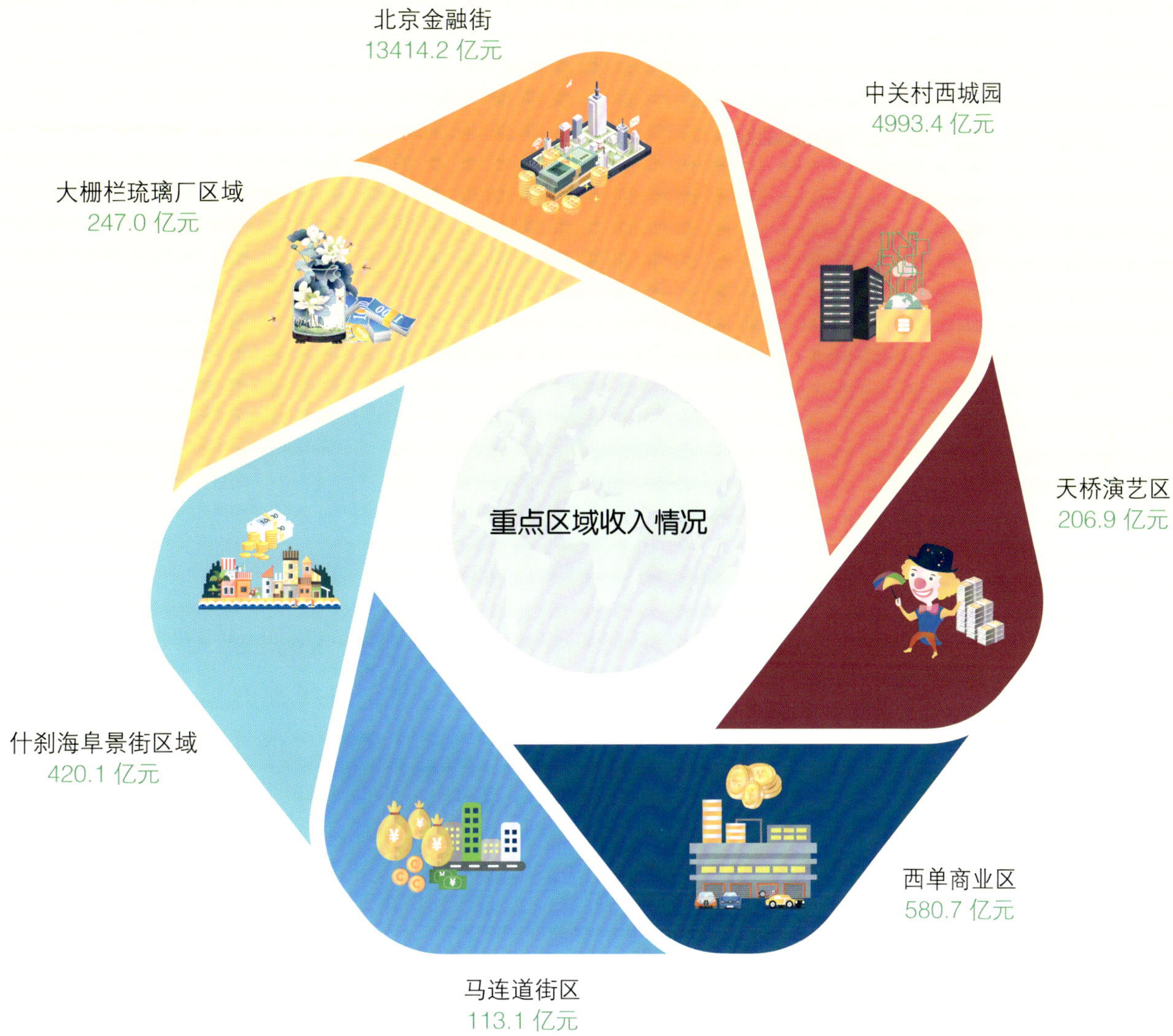
北京金融街
13414.2 亿元
中关村西城园
4993.4 亿元
大栅栏琉璃厂区域
247.0 亿元
重点区域收入情况
天桥演艺区
206.9 亿元
什刹海阜景街区域
420.1 亿元
西单商业区
580.7 亿元
马连道街区
113.1 亿元

社会消费品零售总额（亿元）
922.9
977.5
1023.4
1053.7
1095.5
2015
2016
2017
2018
2019

居民人均可支配收入（元）
67492
71863
76511
81678
88291
2015
2016
2017
2018
2019

朝阳区

地区生产总值（亿元）

一般公共预算收入（亿元）

社会消费品零售总额（亿元）

居民人均可支配收入（元）

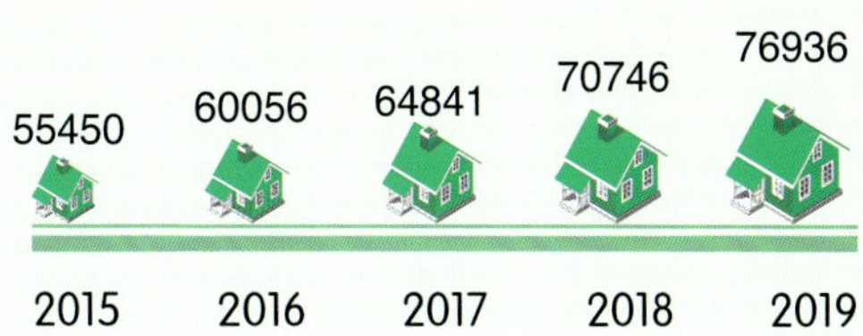

丰台区

地区生产总值
1829.6亿元
一般公共
预算收入
127.7亿元
一般公共预算支出
252.7亿元
固定资产投资增速
-6.1%
社会消费品
零售总额
1463.9亿元
实际利用外资
11035万美元
中小学在校生数
8.9万人
专利授权数
7225项
执业（助理）医师数
9536人
参加基本医疗保险人数
110.5万人
居民人均
可支配收入
65215元
常住人口
202.5 万人

地区生产总值（亿元）
1283.7
1399.1
1557.9
1710.9
1829.6
2015
2016
2017
2018
2019
一般公共预算收入（亿元）
94.49
104.59
113.11
121.60
127.70
2015
2016
2017
2018
2019

重点产业及特色产业情况

信息传输、软件和信息技术服务业
收入 418.0 亿元
利润总额 55.5 亿元
从业人员平均人数 2.3 万人

科学研究和技术服务业
收入 518.1 亿元
利润总额 35.2 亿元
从业人员平均人数 4.1 万人

租赁和商务服务业
收入 300.0 亿元
利润总额 19.7 亿元
从业人员平均人数 18.5 万人

丰台园总收入（按技术领域划分）

电子与信息
703.8 亿元
增长 17.1%

生物工程和新医药
379.1 亿元
增长 23.4%

现代农业
46.8 亿元
下降 0.4%

新材料及应用技术
1572.2 亿元
增长 17.4%

航空航天技术
329.3 亿元
增长 2.0%

先进制造技术
878.7 亿元
增长 21.4%

社会消费品零售总额（亿元）

2015	2016	2017	2018	2019
1184.2	1269.3	1349.3	1401.4	1463.9

居民人均可支配收入（元）

2015	2016	2017	2018	2019
47127	51173	55871	60144	65215

石景山区

地区生产总值（亿元）

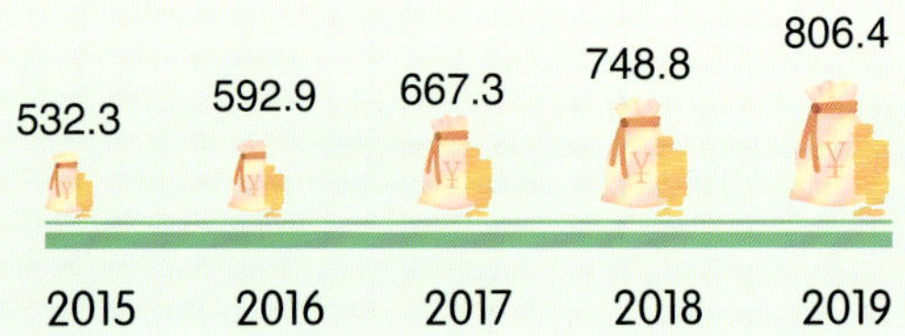

一般公共预算收入（亿元）

城市绿化覆盖率
52.74%

人均绿地面积
75.92 平方米 / 人

中关村科技园
石景山园

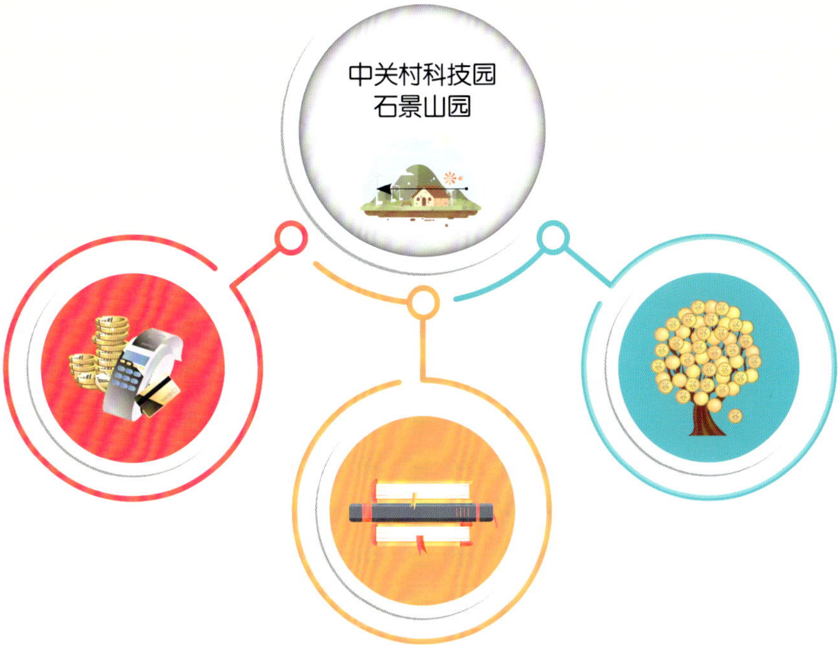

研究开发费用合计
143.3 亿元
增长 50.4%

总收入
2613.2 亿元
增长 10.5%

当年专利申请数
3309 件
增长 26.3%

社会消费品零售总额（亿元）

居民人均可支配收入（元）

海淀区

地区生产总值（亿元）

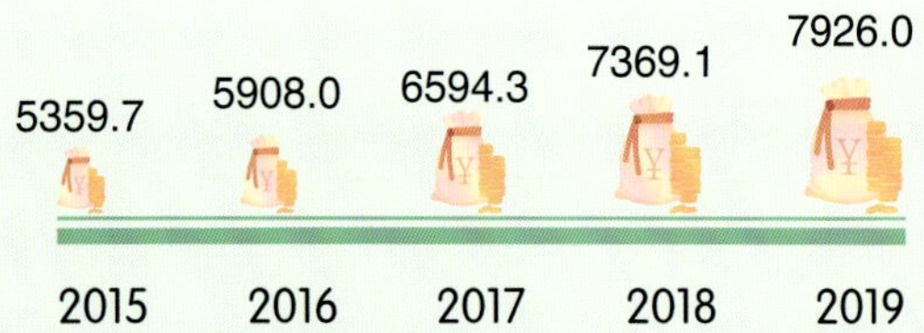

一般公共预算收入（亿元）

技术合同成交总额 1899.3 亿元

专利申请数 8.6 万件

专利授权数 4.9 万件

社会消费品零售总额（亿元）

居民人均可支配收入（元）

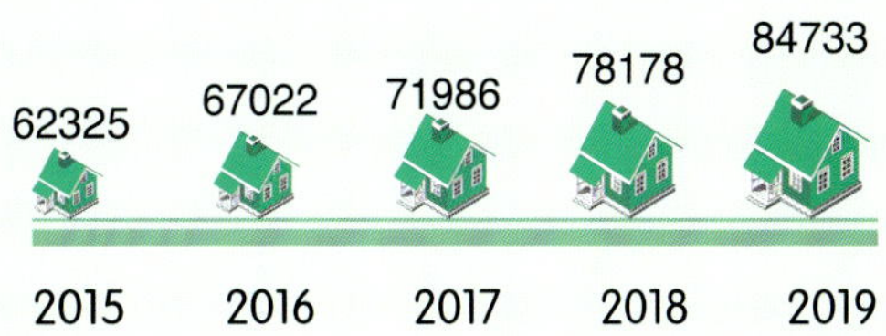

门头沟区

地区生产总值（亿元）

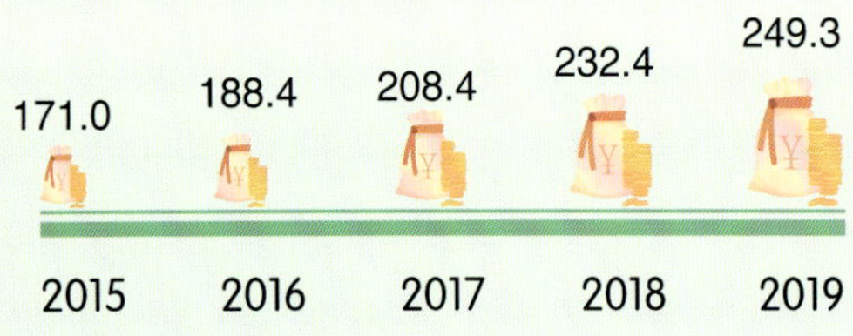

一般公共预算收入（亿元）

社会消费品零售总额（亿元）

居民人均可支配收入（元）

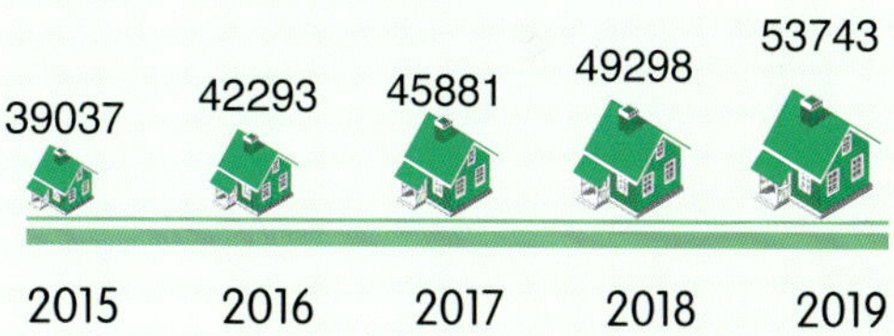

房山区

常住人口
125.5 万人

地区生产总值
810.9亿元

一般公共
预算收入
70.1亿元

一般公共预算支出
249.4亿元

固定资产投资增速
15.0%

社会消费品
零售总额
375.6亿元

实际利用外资
5568万美元

中小学在校生数
8.1万人

专利授权数
2188项

执业（助理）医师数
4158人

参加基本医疗保险人数
45.2万人

居民人均
可支配收入
42823元

地区生产总值（亿元）

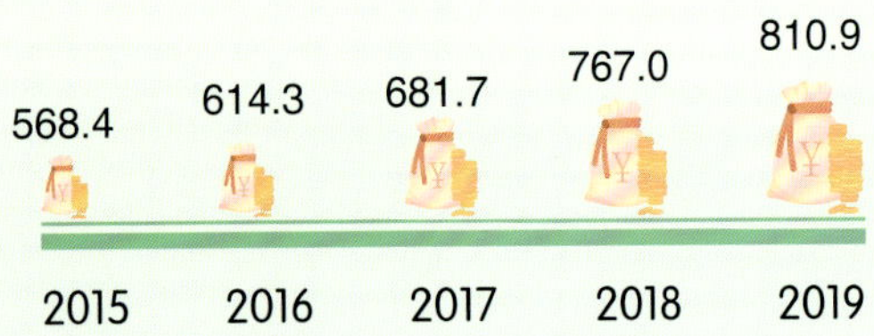

一般公共预算收入（亿元）

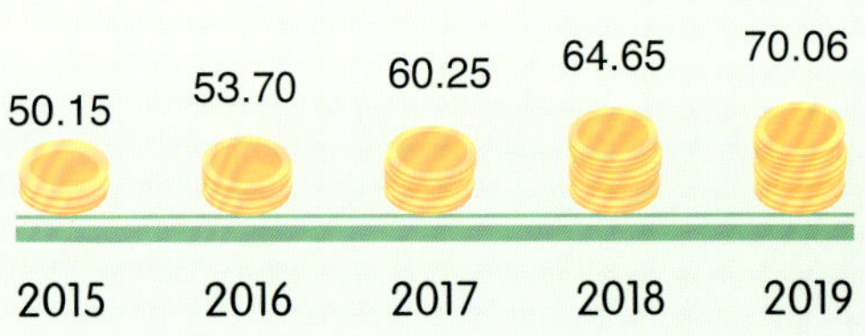

北京石化新材料科技产业基地核心区

落地项目个数
49 个
规模以上工业总产值
664.4 亿元
税收
106.0 亿元

北京高端制造业基地

落地项目个数
14 个
企业个数
8 个
工业企业总产值
15.6 亿元

酒庄产业

现有酒庄个数
20 个
葡萄酒产量
27 万瓶
税收
172.4 万元

文化及相关产业园区

园区个数
12 个
入驻企业
776 个
税收
7324.7 万元

中国房山世界地质公园

落地项目个数
19 个
景区旅游营业收入
12669.8 万元
景区旅游接待人数
283.9 万人次
乡村旅游农户数
1572 户
乡村旅游总收入
7258.6 万元

社会消费品零售总额（亿元）

居民人均可支配收入（元）

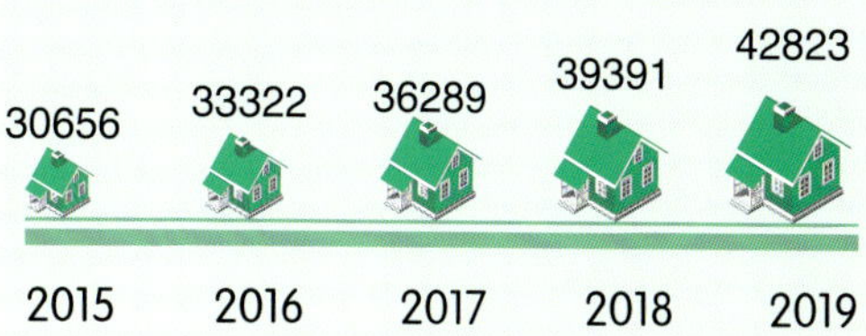

通州区

地区生产总值（亿元）

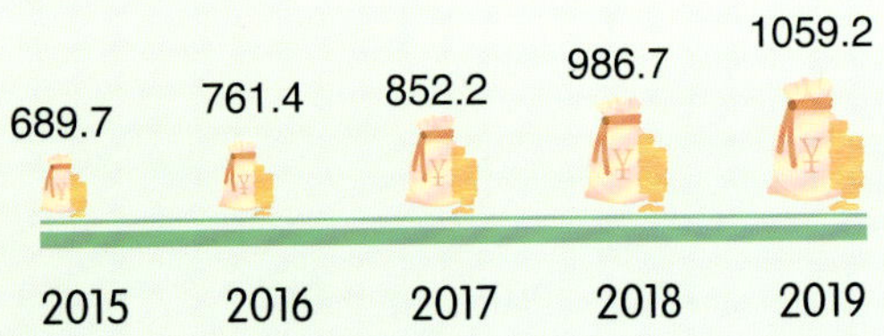

一般公共预算收入（亿元）

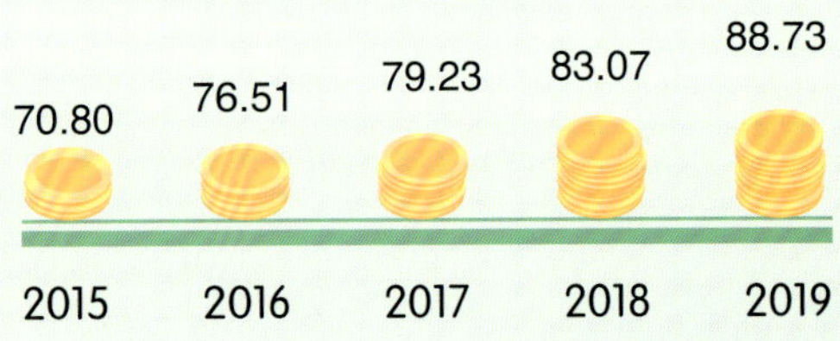

2019

城市绿化覆盖面积
7908.7 公顷
增长 12.2%

人均绿地面积
42.96 平方米 / 人
增长 7.0%

城市绿地面积
7196.5 公顷
增长 13.6%

人均公园绿地面积
19.31 平方米 / 人
增长 28.0%

01
二氧化硫年均浓度值
5.0 微克 / 立方米
下降 28.6%

03
二氧化氮年均浓度值
42.0 微克 / 立方米
下降 10.6%

02
细颗粒物 (PM2.5) 年均浓度值
46.0 微克 / 立方米
下降 16.4%

04
PM10
可吸入颗粒物（PM10）
年均浓度值
78.0 微克 / 立方米
下降 17.9%

社会消费品零售总额（亿元）

2015	2016	2017	2018	2019
436.1	478.8	521.6	552.2	590.7

居民人均可支配收入（元）

2015	2016	2017	2018	2019
31397	34097	37209	40553	44190

顺义区

地区生产总值（亿元）

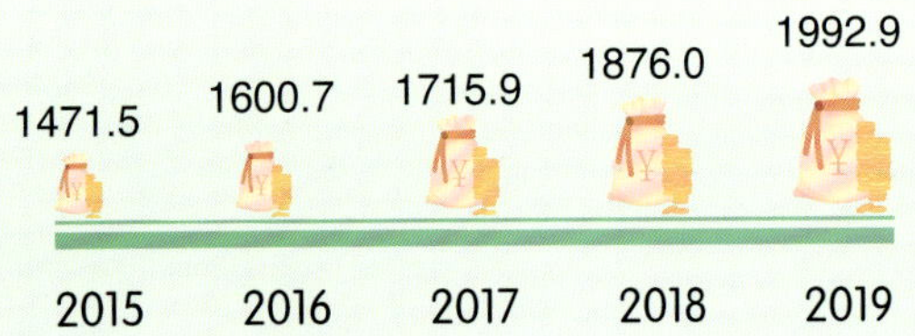

一般公共预算收入（亿元）

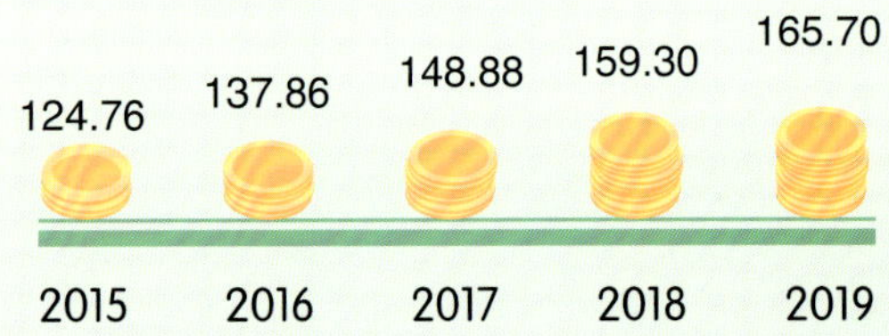

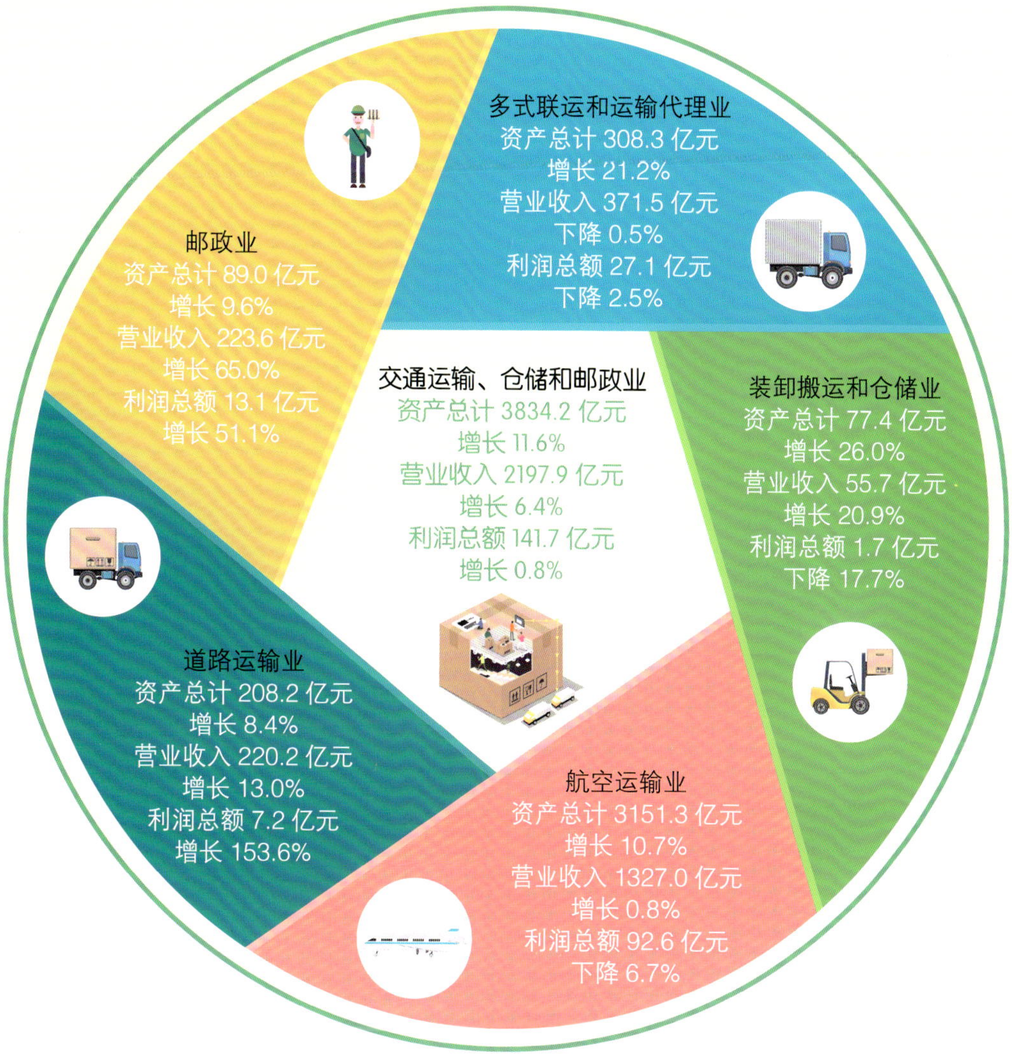

社会消费品零售总额（亿元）

居民人均可支配收入（元）

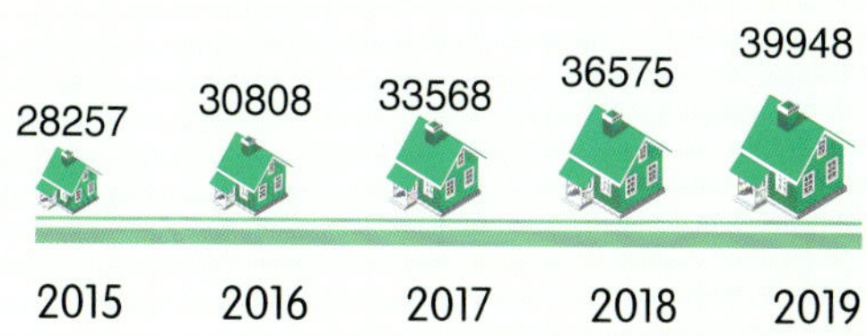

昌平区

地区生产总值（亿元）

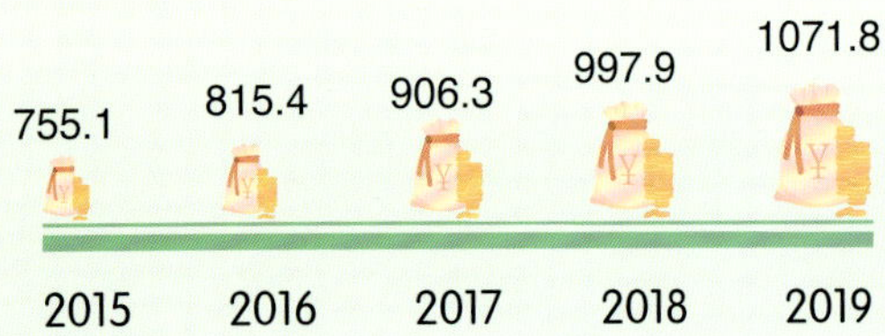

一般公共预算收入（亿元）

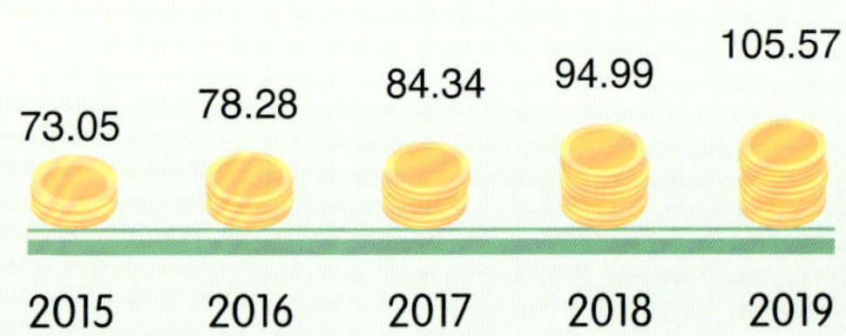

社会消费品零售总额（亿元）

居民人均可支配收入（元）

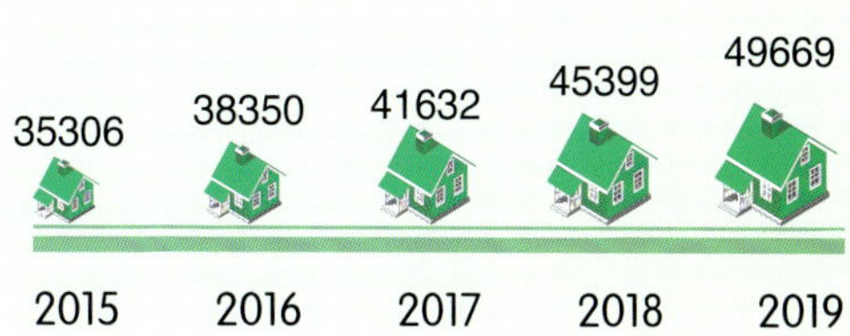

大兴区

地区生产总值（亿元）

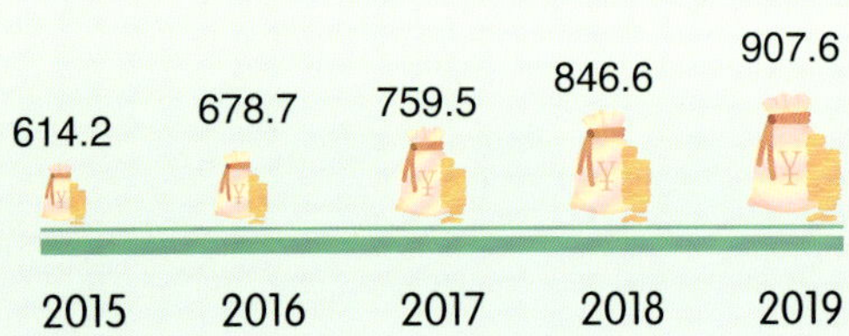

一般公共预算收入（亿元）

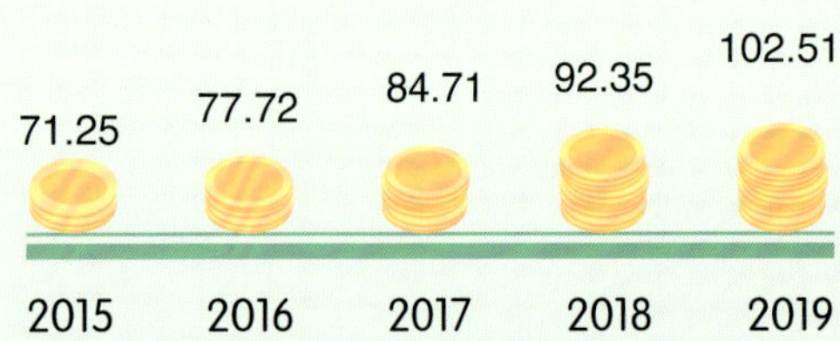

资产总计
178.8 亿元
增长 25.8%

工业总产值
132.7 亿元
增长 7.2%

营业收入
127.9 亿元
增长 8.6%

规模以上生物
工程和医药产业

细颗粒物(PM2.5)
年均浓度

2015 年	2016 年	2017 年	2018 年	2019 年
96 微克 / 立方米	89 微克 / 立方米	61 微克 / 立方米	53 微克 / 立方米	44 微克 / 立方米

社会消费品零售总额（亿元）

居民人均可支配收入（元）

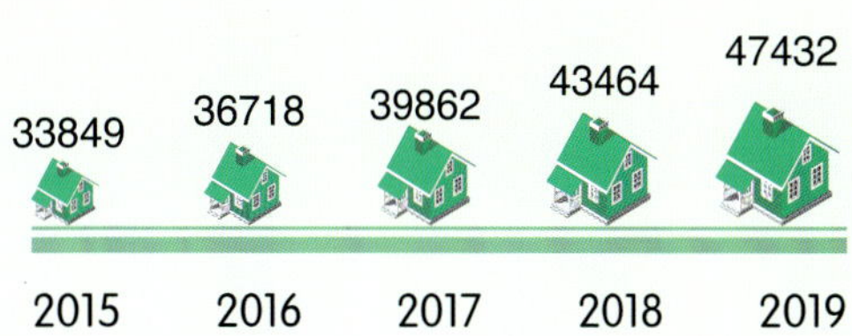

怀柔区

地区生产总值（亿元）

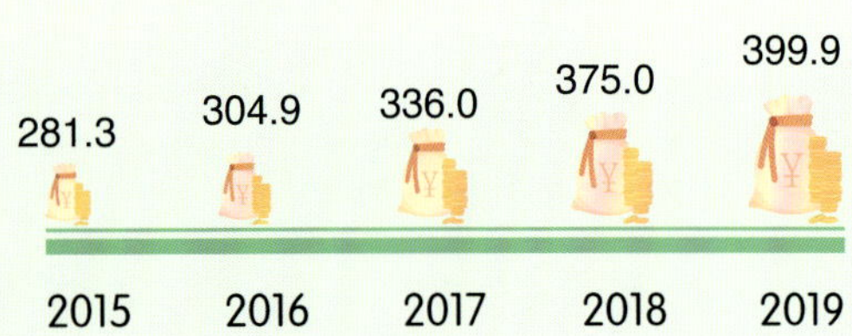

一般公共预算收入（亿元）

社会消费品零售总额（亿元）

居民人均可支配收入（元）

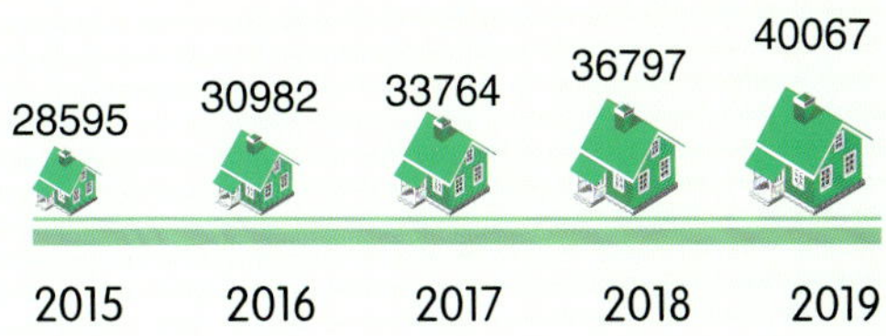

平谷区

地区生产总值（亿元）

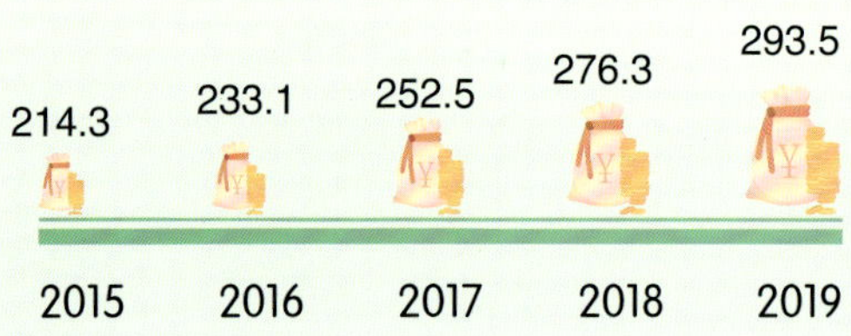

一般公共预算收入（亿元）

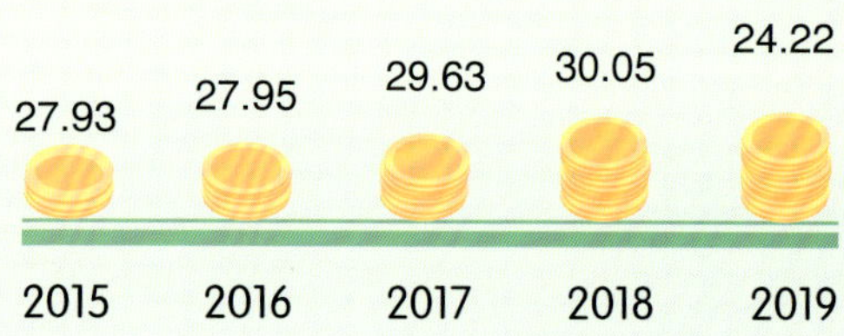

森林覆盖率
67.3%
提高 0.1 个百分点

细颗粒物
（PM2.5）
平均浓度
40.0 微克/立方米
下降 14.9%

万元地区
生产总值能耗
0.41 吨标准煤
增长 3.70%

社会消费品
零售总额
166.2 亿元
增长 6.2%

低收入农户
人均可支配收入
14675 元
增长 23.3%

全区居民
人均可支配收入
38949 元
增长 8.2%

规模以上工业高技术
制造业产值
22.4 亿元
增长 6.8%

规模以上工业战略性
新兴产业产值
21.6 亿元
增长 2.6%

社会消费品零售总额（亿元）

居民人均可支配收入（元）

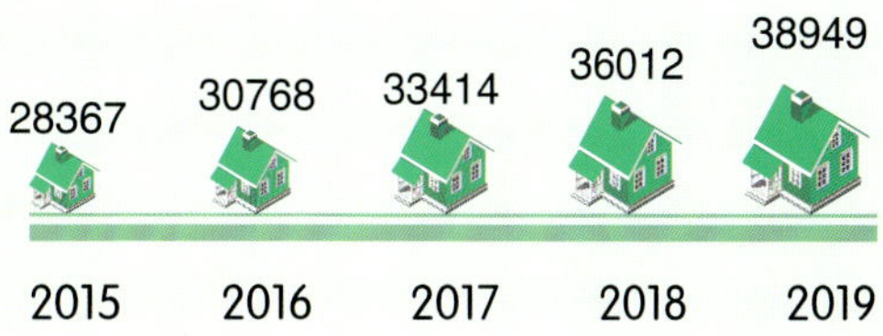

密云区

地区生产总值（亿元）

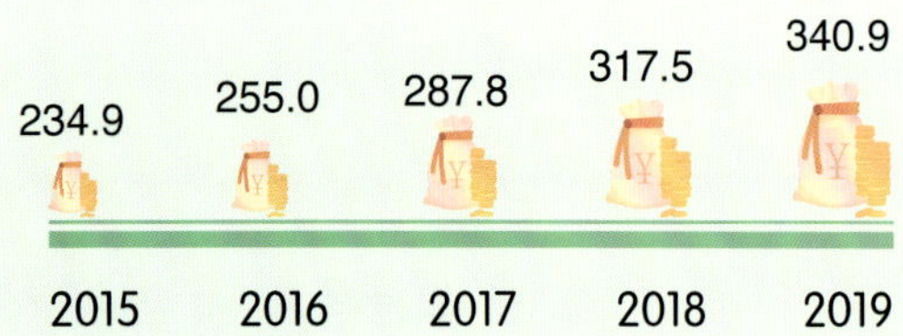

一般公共预算收入（亿元）

2019

林木绿化率
73.63%
提高 0.38 个百分点

森林覆盖率
65.55%
提高 0.5 个百分点

细颗粒物（PM2.5）年均浓度值
34 微克 / 立方米
下降 26.1%

万元地区生产总值能耗
0.366 吨标准煤
下降 4.4%

社会消费品零售总额（亿元）

居民人均可支配收入（元）

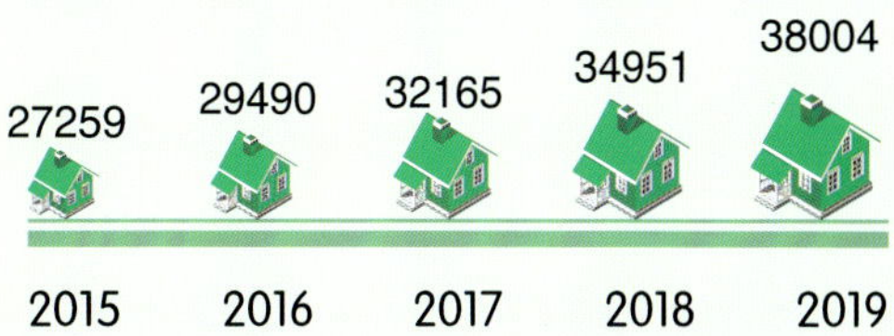

延庆区

地区生产总值（亿元）

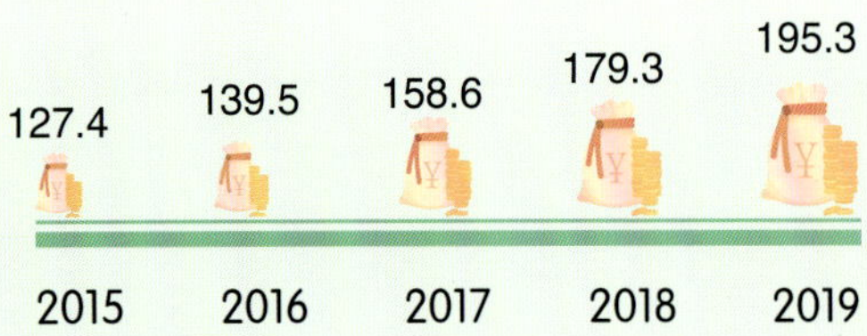

一般公共预算收入（亿元）

绿化覆盖率	2015年	2016年	2017年	2018年	2019年
	64.39%	64.39%	64.39%	67.99%	68.23%

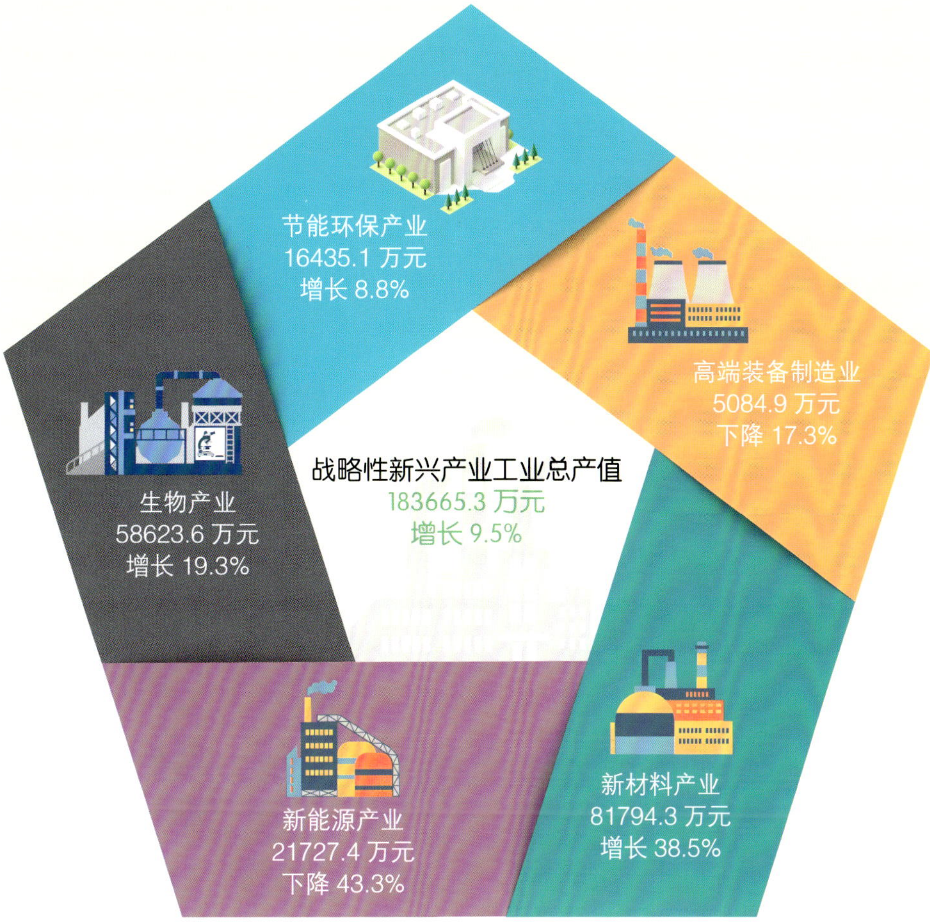

社会消费品零售总额（亿元）

居民人均可支配收入（元）

《北京区域统计年鉴 2020》编辑委员会及编辑工作人员

编 辑 说 明

《北京区域统计年鉴 2020》是一部全面、系统反映北京市各区 2019 年经济社会发展状况的年度资料，同时收录了四大直辖市、全国主要经济区域 2019 年经济社会主要指标数据。

1. 全书共包括 8 个部分，分别为：北京概览、分区历史数据、北京各区概览、开发区、高端产业功能区、四大直辖市、全国主要经济区域、北京与全国对比。

2. 分区资料除特殊说明外，全部为“在地”（即：法人经营地）口径。受统计口径和资料来源不同等因素影响，书内所列分区数据可能与区统计部门编印的统计资料不同，请读者在使用时加以注意。分区资料中若未单独列出北京经济技术开发区，则其数据包括在大兴区中。

3. 根据 2018 年北京市第四次全国经济普查结果，在《北京区域统计年鉴 2020》中，对各区地区生产总值、能源、社会消费品零售总额、研究与试验情况等相关历史数据进行了调整修订，并增加了四次经济普查法人单位基本情况表。

4. 数据资料来源均在表下进行了注明，未注明资料来源的分区数据均由北京市统计局、国家统计局北京调查总队提供；全国及外省市统计资料摘自《中国统计年鉴》及相关省市统计年鉴，具体数据来源请参阅各章简要说明。

5. 书中使用的符号说明：“…”表示数据不足本表最小单位；“空格”表示该项指标数据不详或没有数据；“#”表示其中项目；“‖”表示不在同一分组类中的其中项。

6. 本书配有电子光盘，具有数据加工等功能。

目　录

第一章　北京概览

第二章　分区历史数据

第三章 北京各区概览

第四章　开发区

第五章　高端产业功能区

第六章　直辖市

第七章　全国主要经济区域

第八章　北京与全国对比

附录　指标解释

第一章

北京概览

简要说明

一、本章资料的主要内容

本章主要包括反映北京市经济社会发展的主要总量、速度、结构、效益指标及“十三五”时期监测指标等。

二、本章资料的数据来源

北京市经济社会主要指标及“十三五”时期主要监测指标资料由北京市统计局根据相关资料整理。

三、有关统计标准变化和数据调整的说明

为更好地反映我国三次产业的发展情况，满足国民经济核算、服务业统计及其他统计调查对三次产业划分的需求，根据《国民经济行业分类》（GB/T 4754—2011），国家统计局对2003年《三次产业划分规定》进行了修订。

根据国家统计局要求，自2015年起北京按照城乡住户调查一体化改革后新口径发布全市和分城乡的居民收支数据，增长速度为同口径增速。

2016年按照国家统计局统一部署，开始实施地区研发支出核算方法改革，并对全市1996年以来地区生产总值进行了调整。

2018年数据为北京市第四次全国经济普查数据，并根据普查结果对地区生产总值、能源消费、社会消费品零售总额、研究与试验等相关历史数据进行了修订。

1-1 “十三五”时期经济社会发展主要监测指标

项 目		“十三五”时期监测发展目标	2019
常住人口规模	（万人）	<2300	2153.6
地区生产总值年均增速	(%)	年均增长6.5%	6.6*
第三产业增加值占地区生产总值比重	(%)	>80%	83.5
一般公共预算收入年均增速	(%)	年均增长>6.5%	5.3*
全市居民人均可支配收入实际增长	(%)	与经济增长同步	6.6*
用水总量	（亿立方米）	<43	41.7
细颗粒物(PM2.5)年均浓度值	（微克/立方米）	达到国家要求	42
森林覆盖率	(%)	44.0	44.0
生活垃圾无害化处理率	(%)	>99.8%	100.0
全市污水处理率	(%)	＞95%	94.5
全市居民人均可支配收入实际增长	(%)	与经济增长同步	6.3
城镇登记失业率	(%)	控制在4%以内	1.30
重点食品安全监测抽检合格率	(%)	达到98%以上	98.89
药品抽验合格率	(%)	达到99%以上	100
全社会研究与试验发展经费支出占地区生产总值的比例	(%)	6%左右	6.31
万元地区生产总值能耗累计降低	(%)	达到国家要求	[16.27]
万元地区生产总值水耗累计降低	(%)	累计降低15%	[15.58]
服务贸易总额	（亿美元）	达到2000亿美元	
社会劳动生产率	（万元/人）	达到23	24.4

注：1.“*”表示指标数据为“十三五”以来年平均增速。

2.“[ ]”表示数据为“十三五”以来累计数据。

3. 2019年服务贸易总额为10646.9亿元。

1-2 主要年份国民经济和社会发展总量与速度指标

项目		总量指标				
		1990	1995	2000	2005	2010
人口与就业						
年末常住人口	(万人)	1086.0	1251.1	1363.6	1538.0	1961.9
#城镇人口	(万人)	798.0	946.2	1057.4	1286.1	1686.4
年末户籍人口	(万人)	1032.2	1070.3	1107.5	1180.7	1257.8
从业人员年末人数	(万人)	627.1	665.3	619.3	878.0	1031.6
城镇单位在岗职工平均工资	(元)	2653	8144	15726	34191	65683
年末实有城镇登记失业人员	(万人)	1.67	2.19	3.32	10.57	7.73
国民经济核算						
地区生产总值	(亿元)	500.8	1516.2	3277.8	7149.8	14964.0
人均地区生产总值	(元)	4635	12762	25014	47182	78307
价格指数(上年=100)						
居民消费价格指数	(%)	105.4	117.3	103.5	101.5	102.4
工业生产者出厂价格指数	(%)	107.9	107.3	102.5	101.3	102.2
人民生活						
全市居民人均可支配收入	(元)					
全市居民人均消费支出	(元)					
财 政						
一般公共预算收入	(亿元)			345.0	919.2	2353.9
一般公共预算支出	(亿元)			443.0	1058.3	2717.3
能源、资源和环境						
能源消费总量	(万吨标准煤)	2709.7	3533.3	4144.0	5049.8	6359.5
水资源总量	(亿立方米)				23.2	23.1
城市绿化覆盖率	(%)	28.0	32.7	36.5	42.0	45.0
城市公用事业						
全社会用电量	(亿千瓦时)	150.5	222.6	384.4	570.5	809.9
自来水销售总量	(亿立方米)	5.3	6.8	7.5	7.2	8.9
居民燃气用户	(万户)	176.1	219.8	291.9	462.6	634.2
公共交通客运量	(亿人次)	33.5	37.2	40.7	51.8	69.0
污水处理率	(%)	7.3	19.4	39.4	62.4	81.0

注：1.地区生产总值绝对值按现价计算，发展速度按可比价格计算；2006-2010年人均地区生产总值根据第六次全国人口普查数据进行了修订。2019年数据为初步统计数据，2018年及历史数据根据北京市第四次经济普查结果进行了修订。

2.北京地区用电量来源于北京市电力公司，2000年以前工业用电量不包含输配损失和发电企业自产自用电量。

3.从2001年开始，有关职工的指标调整为在岗职工的指标。2007年及以前城镇单位在岗职工工资包括乡及乡以上独立核算法人单位，不包括乡镇企业、私营单位和个体工商户；2008年及以后包括乡镇企业。

1-2 续表1

2015	2018	2019	速度指标(%) 指　数(2019年为以下各年) 1990	1995	2000	2005	2010	2015	2018
2170.5	2154.2	2153.6	198.3	172.1	157.9	140.0	109.8	99.2	99.97
1877.7	1863.4	1865.0	233.7	197.1	176.4	145.0	110.6	99.3	100.1
1345.2	1375.8	1397.4	135.4	130.6	126.2	118.4	111.1	103.9	101.6
1186.1	1237.8	1273.0	203.0	191.3	205.6	145.0	123.4	107.3	102.8
113073	149843	173205	6528.6	2126.8	1101.4	506.6	263.7	153.2	115.6
9.2	10.2	9.4	559.9	426.9	281.6	88.5	121.0	102.1	91.3
24779.1	33106.0	35371.3	1620.5	926.5	562.0	318.0	186.2	129.3	106.1
114662	153095	164220	812.8	511.3	342.0	223.8	165.1	129.6	106.5
101.8	102.5	102.3							
96.9	100.0	99.6							
48458.0	62361.0	67756.0	1007.2	683.4	510.4	290.7	183.6	129.0	106.3
33803.0	39843.0	43038.0	758.0	547.0	391.4	234.2	156.1	117.5	105.6
4723.9	5785.9	5817.1			1686.1	632.8	247.1	123.1	100.5
5737.7	7471.4	7408.2			1672.3	700.0	272.6	129.1	99.2
6802.8	7269.8	7360.3	271.6	208.3	177.6	145.8	115.7	108.2	101.2
26.8	35.5	24.6	66.6	81.1	145.3	105.9	106.3	91.6	69.3
48.4	48.4	48.5							
952.7	1142.4	1166.4	775.1	524.0	303.4	204.4	144.0	122.4	102.1
10.4	11.6	12.0	227.7	176.9	159.3	167.7	134.6	115.5	103.6
885.7	926.4	873.2	495.9	397.3	299.2	188.8	137.7	98.6	94.3
73.8	70.4	71.0							
87.9	93.4	94.5							

1-2 续表2

项 目		总量指标				
		1990	1995	2000	2005	2010
固定资产投资						
全社会固定资产投资	(亿元)	179.2	841.5	1297.4	2827.2	5493.5
#基础设施投资	(亿元)	31.6	156.1	351.9	610.7	1403.5
#房地产开发投资	(亿元)	22.5	352.8	522.1	1525.0	2901.1
对外经济贸易						
北京地区进出口总值	(亿美元)	236.4	370.4	494.0	1255.1	3016.6
北京地区进出口总值	(亿元)		3108.2	4090.1	10331.9	20478.2
实际利用外商直接投资额	(亿美元)	2.8	14.0	24.6	35.3	63.6
农 业						
农林牧渔业总产值(现价)	(亿元)	70.2	164.4	188.6	239.3	328.0
工 业						
规模以上工业总产值	(亿元)	625.9	1493.3	2842.0	6946.2	13699.8
规模以上工业企业主要经济指标						
资产总计	(亿元)	498.3	2582.6	4612.7	12829.8	22750.6
负债总额	(亿元)		1528.8	2676.4	4706.7	11548.1
主营业务收入	(亿元)	610.5	1590.4	2821.4	7279.1	14807.1
利润总额	(亿元)	48.9	85.3	127.1	413.5	1028.3
建筑业						
建筑业总产值	(亿元)	94.7	426.6	812.5	1894.0	5196.0
建筑业企业年末从业人员	(万人)	60.2	82.6	56.6	67.2	59.9
交通运输邮电业						
运 输						
货物周转量	(亿吨公里)	268.8	323.1	299.6	457.7	513.7
旅客周转量	(亿人公里)	119.8	207.7	314.0	838.1	1399.5
邮 电						
邮电业务总量	(亿元)	11.9	56.1	214.7	413.0	1108.9
固定电话用户	(万户)	33.3	150.5	451.2	943.5	885.6
移动电话用户	(万户)	0.3	16.9	347.2	1459.8	2129.8
批发和零售业、住宿和餐饮业						
社会消费品零售总额	(亿元)	345.1	950.4	1658.7	2911.7	6340.3
旅游业						
接待入境旅游者人数	(万人次)	100.0	207.0	282.1	362.9	490.1
国际旅游收入	(亿美元)	6.6	21.8	27.7	36.2	50.4

注：1.从2011年起，根据国家统计局相关规定，固定资产投资起点由50万元调整至500万元。

2.工业总产值按现价计算。

3. 邮电业务总量2000年及以前按1990年不变价格计算，2001-2010年按2000年不变价格计算，2011-2015年按2010年不变价格计算，2018年和2019年邮政业务量按2010不变价计算、电信业务量按2015年不变价格计算。

4. 2006年至2019年社会消费品零售总额数据根据北京市第四次全国经济普查结果进行了修订。

1-2 续表3

2015	2018	2019	速度指标(%) 指 数(2019年为以下各年) 1990	1995	2000	2005	2010	2015	2018
7990.9									97.6
2174.5									89.3
4226.3									103.4
3194.2	4124.3	4162.8	1760.5	1124.0	842.7	331.7	138.0	130.3	100.9
19827.7	27182.5	28677.2		922.6	701.1	277.6	140.0	144.6	105.5
130.0	173.1	142.1	5131.9	1013.2	578.2	403.0	223.3	109.4	82.1
368.2	296.8	281.7	401.3	171.4	149.4	117.7	85.9	76.5	94.9
17449.6	19212.9	20386.1	3257.1	1365.2	717.3	293.5	148.8	116.8	103.6
38609.8	48009.5	52222.0	10480.0	2022.1	1132.1	407.0	229.5	135.3	105.9
18102.4	21437.1	21974.5		1437.4	821.0	466.9	190.3	121.4	98.7
18864.9	21435.7	23419.1					158.2	121.6	104.8
1597.7	1530.0	1710.3	3494.8	2005.2	1345.7	413.6	166.3	107.0	103.8
8436.7	10939.8	11999.4	12671.0	2812.8	1476.8	633.5	230.9	142.2	109.7
59.0	53.4	55.5	92.2	67.2	98.1	82.6	92.7	94.0	103.9
623.7	780.7	900.8	335.1	278.8	300.6	196.8	175.4	144.4	115.4
1747.7	2220.0	2291.8	1913.1	1103.4	729.9	273.5	163.8	131.1	103.2
991.2	1861.0	2759.6							
784.7	614.5	555.4	1668.1	369.0	123.1	58.9	62.7	70.8	90.4
4051.6	4008.8	4019.7	1339900.0	23785.2	1157.7	275.4	188.7	99.2	100.3
10338.0	11747.7	15063.7	4365.0	1550.0	855.7	467.6	207.1	122.7	104.4
420.0	400.4	376.9	376.9	182.1	133.6	103.9	76.9	89.7	94.1
46.1	55.2	51.9	789.9	237.9	187.5	143.4	102.9	112.7	94.1

1-2 续表4

项 目		总量指标				
		1990	1995	2000	2005	2010
金融业						
金融机构(含外资)本外币存款余额	(亿元)			11526.0	28969.9	66584.6
金融机构(含外资)本外币贷款余额	(亿元)			6407.9	15335.5	36479.6
原保险保费收入	(亿元)			93.4	498.2	966.5
证券市场交易额	(亿元)		1619.0	14457.0	9322.5	87575.4
科 技						
研究与试验发展经费内部支出	(亿元)			155.7	379.5	821.8
技术合同成交总额	(亿元)	20.3	41.2	140.3	434.4	1579.5
专利授权量	(件)	2268	4025	5905	10100	33511
教 育						
在校学生数	(万人)		238.0	229.9	226.4	330.0
专任教师数	(万人)		17.7	16.7	17.5	20.7
卫生及社会服务						
卫 生						
卫生机构个数	(个)	4953	4955	6176	4818	6539
卫生机构病床数	(万张)	5.9	6.7	7.1	7.9	9.3
卫生技术人员数	(万人)	11.2	11.6	11.6	12.0	17.1
#执业(助理)医师	(万人)	5.1	5.4	5.2	5.1	6.6
注册护师(士)	(万人)	3.5	3.7	4.0	4.3	6.7
婚 姻						
登记结婚对数	(万对)	9.3	8.6	8.0	9.7	13.8
离婚对数	(万对)	1.5	2.0	2.7	3.4	4.4
文 化						
公共图书馆总藏数	(万册、万件)	2205	2629	3020	3626	4613
博物馆及其他文物保护机构	(个)		51	53	73	79
电影放映场次	(万场次)	20.7	9.2	12.2	22.6	74.3
图书出版种数	(万种)	2.7	3.9	5.8	10.8	15.5
社会保障						
参加企业职工基本养老保险人数	(万人)		261.1	391.6	520.0	982.5
参加职工基本医疗保险人数	(万人)				574.8	1063.7

注：1.离婚对数包括在民政部门登记的对数和经法院调离和判离的对数。

2.2010年及以前，本表中卫生机构数据都不包含村卫生室及驻京部队医院情况。2011年开始，包含村卫生室情况。2012年开始，卫生机构数、卫生技术人员数据中包含驻京部队医院，床位数不包含。

3.“博物馆及其他文物保护机构”数据为北京市文物局系统内数据。

4.按照国家知识产权局相关要求，2017年起对专利相关数据的统计范围进行调整。

1-2 续表5

2015	2018	2019	速度指标(%)						
			指 数(2019年为以下各年)						
			1990	1995	2000	2005	2010	2015	2018
128573.0	157092.2	171062.3			1484.1	590.5	256.9	133.0	108.9
58559.4	70483.7	76875.6			1199.7	501.3	210.7	131.3	109.1
1403.9	1793.3	2076.5			2222.1	416.8	214.9	147.9	115.8
918064.8	911465.7	946425.6			6426.4	7319.6	730.9	103.1	103.8
1384.0	1870.8	2233.6			1434.5	588.5	271.8	161.4	119.4
3452.6	4957.8	5695.3	28097.2	13833.6	4059.7	1311.1	360.6	165.0	114.9
94031	123496	131716	5807.6	3272.4	2230.6	1304.1	393.1	140.1	106.7
373.4	408.3	412.5		173.3	179.4	182.2	125.0	110.5	101.0
22.6	24.2	24.8		140.6	148.6	142.2	120.2	109.8	102.7
10425	11100	11340	229.0	228.9	183.6	150.5	119.2	108.8	102.2
11.2	12.4	12.7	215.3	189.9	178.4	160.8	136.9	113.9	102.9
25.7	28.2	29.7	266.3	256.3	257.3	247.4	173.7	115.9	105.5
9.6	10.9	11.6	227.3	213.9	224.5	227.4	175.0	120.0	105.8
11.4	12.4	13.1	379.9	357.6	329.1	306.1	195.1	114.9	106.3
16.6	13.8	12.9	138.7	150.8	160.8	133.0	93.4	77.7	93.6
8.2	7.4	8.4	569.8	416.8	315.7	245.4	191.1	102.2	113.0
5943	6777	7048	319.6	268.1	233.4	194.4	152.8	118.6	104.0
77	78	78		152.9	147.2	106.8	98.7	101.3	100.0
198.1	309.5	356.2	1720.6	3871.4	2919.4	1576.0	479.4	179.8	115.0
1424.2	1591.5	1651.6		632.6	421.8	317.6	168.1	116.0	103.8
1475.7	1628.9	1682.5				292.7	158.2	114.0	103.3

1-3 主要年份国民经济和社会发展结构指标

单位：%

项　　目	1990	1995	2000	2005	2010	2015	2019
人口与就业							
常住人口							
按性别分							
男	50.2	50.1	52.1	50.6	51.6	51.3	50.8
女	49.8	49.9	47.9	49.4	48.4	48.7	49.2
按城乡分							
城　镇	73.5	75.6	77.5	83.6	86.0	86.5	86.6
乡　村	26.5	24.4	22.5	16.4	14.0	13.5	13.4
就　业							
从业人员年末人数							
第一产业	14.5	10.6	11.8	7.1	6.0	4.2	3.3
第二产业	44.9	40.7	33.6	26.3	19.6	17.0	13.6
第三产业	40.6	48.7	54.6	66.6	74.4	78.8	83.1
国民经济核算							
地区生产总值							
第一产业	8.7	4.8	2.4	1.2	0.8	0.6	0.3
第二产业	52.3	42.1	31.2	26.7	21.6	17.8	16.2
第三产业	39.0	53.1	66.4	72.1	77.6	81.6	83.5
人民生活							
城镇居民人均消费支出							
#食品烟酒	54.2	48.5	35.8	29.4	26.8	22.1	19.3
衣　着	14.7	15.1	8.7	8.1	8.5	7.2	5.2
医疗保健	1.4	2.9	7.0	9.8	6.4	6.5	8.6
交通通信	1.5	4.7	7.0	13.1	13.7	13.3	11.3
教育文化娱乐	11.6	10.2	14.8	14.7	11.5	11.0	10.2
农村居民人均消费支出							
#食品烟酒	50.7	49.6	37.5	30.3	26.6	27.7	25.3
衣　着	9.5	10.9	7.0	6.4	5.9	6.3	5.5
医疗保健	3.8	4.8	7.3	9.4	8.4	8.5	10.3
交通通信	1.7	4.1	7.0	11.9	11.7	13.5	15.5
教育文化娱乐	6.6	10.6	13.6	12.9	7.5	7.2	7.3
财　政							
一般公共预算收入							
#增值税			13.3	10.6	8.9	15.2	31.3
个人所得税			16.3	9.2	9.1	10.1	9.4
企业所得税			16.8	17.9	21.8	21.7	21.1

注：1. 自2012年开始，从业人员年末人数三次产业分组口径根据国家统计局规定进行了调整。
2. 地区生产总值中三次产业结构历史数据根据北京市第四次全国经济普查结果进行了修订。

1-3 续表1

单位：%

项 目	1990	1995	2000	2005	2010	2015	2019
能源消费总量							
第一产业	3.9	3.4	2.5	1.7	1.5	1.2	0.8
第二产业	63.5	65.9	58.5	46.8	37.2	28.0	25.1
第三产业	19.0	17.9	26.1	35.1	41.7	48.7	51.1
生活消费	13.6	12.8	12.9	16.4	19.5	22.1	23.0
固定资产投资							
固定资产投资资金来源							
中央预算资金	25.3	7.7	7.4	2.8	1.2	1.7	1.7
国内贷款	16.7	13.4	26.0	23.2	26.6	22.2	23.1
利用外资	11.2	20.5	3.6	1.6	0.5	0.1	0.0
债券、自筹和其他资金	46.8	58.4	63.0	72.4	71.6	76.0	75.2
对外经济贸易							
海关出口商品(以美元计价)							
#一般贸易		70.6	65.9	54.5	45.0	54.8	76.3
加工贸易		21.3	29.6	39.6	42.1	28.0	6.3
海关进口商品(以美元计价)							
#一般贸易		84.4	87.3	85.2	88.7	85.7	86.9
加工贸易		5.2	3.5	8.2	5.9	7.7	5.4
农 业							
农林牧渔业产值							
农 业	55.6	52.8	46.7	38.0	47.0	42.0	36.3
林 业	1.3	1.7	2.8	5.2	5.1	15.6	41.0
牧 业	39.8	41.8	46.4	50.5	42.6	36.9	17.5
渔 业	3.3	3.7	4.1	3.6	3.5	3.2	1.9
农林牧渔专业及辅助性活动				2.7	1.8	2.3	3.2
工 业							
规模以上工业总产值							
#医药制造业	1.8	1.5	2.1	1.9	2.7	4.2	6.0
汽车制造业	7.8	11.6	3.9	11.8	15.9	22.3	19.4
计算机、通信和其他电子设备制造业	6.0	10.4	32.9	25.6	16.3	12.1	12.8
电力、热力的 生产和供应业	2.6	2.8	2.9	8.6	15.5	23.4	26.9
建筑业							
建筑业总产值							
房屋建筑业						51.3	51.7
土木工程建筑业						32.7	34.2
建筑安装业						7.9	7.0
建筑装饰和其他建筑业						8.1	7.2
交通运输业							
货运量(按运输方式分)							
铁 路	11.4	9.2	8.5	6.1	6.6	4.3	1.6
公 路	87.5	90.4	91.2	92.4	85.1	82.0	81.7
民 航	…	0.1	0.1	0.2	0.5	0.7	0.6
管 道	1.0	0.3	0.2	1.2	7.7	13.0	16.1

注：能源消费历史数据根据北京市第四次全国经济普查结果进行了修订。

1-3 续表2

单位：%

项　　目	1990	1995	2000	2005	2010	2015	2019
客运量(按运输方式分)							
铁　路	50.4	45.1	24.2	9.5	6.3	18.3	20.5
公　路	46.7	47.7	70.7	85.3	89.7	71.4	66.7
民　航	2.9	7.2	5.1	5.2	4.0	10.3	12.8
消 费							
社会消费品零售总额							
吃类商品	39.6	42.7	28.4	25.8	21.4	19.0	18.7
穿类商品	13.2	14.6	12.0	9.7	8.8	7.2	5.4
用类商品	44.8	40.8	56.2	56.5	62.4	69.2	71.9
烧类商品	2.4	1.9	3.4	8.1	7.5	4.6	4.0
入境旅游							
接待海外旅游人数							
外国人	63.8	80.4	84.4	85.9	86.0	85.1	85.1
港澳台同胞	34.7	17.5	15.6	14.1	14.0	14.9	14.9
科 技							
研究与试验发展(R&D)							
人员折合全时当量							
基础研究				12.9	15.2	16.8	20.2
应用研究				29.8	27.1	25.1	29.5
试验发展				57.3	57.7	58.1	50.3
研究与试验发展(R&D)							
经费内部支出							
基础研究				10.1	11.6	13.8	15.9
应用研究				27.8	26.4	23.0	25.2
试验发展				53.1	62.0	63.2	58.8
教 育							
在校学生							
#普通本专科		7.7	12.3	23.7	17.5	15.9	14.2
中等教育		35.1	42.3	37.9	22.1	15.7	13.0
小学教育		42.3	32.3	21.8	19.8	22.8	22.8
专任教师							
#高等教育	24.6	22.7	22.2	32.7	35.9	30.3	28.7
中等教育	38.3	38.6	40.5	33.6	29.1	32.0	31.8
小学教育	36.7	37.9	36.8	25.3	23.9	22.1	22.5
卫 生							
卫生技术人员							
#执业(助理)医师	45.6	46.7	44.6	42.4	38.6	37.6	38.9
注册护士	31.0	31.7	34.5	35.7	39.3	44.6	44.2

1-4 国民经济和社会发展比例和效益指标

项　　目		2019	2018
人口与就业			
出生率(常住人口)	(‰)	8.12	8.24
死亡率(常住人口)	(‰)	5.49	5.58
自然增长率(常住人口)	(‰)	2.63	2.66
少儿抚养比(常住人口)	(%)	13.49	13.44
老年抚养比(常住人口)	(%)	14.64	14.32
城镇登记失业率	(%)	1.30	1.40
国民经济核算			
人均地区生产总值	(元)	164220	153095
社会劳动生产率	(元/人)	281752	266494
第一产业	(元/人)	25897	25594
第二产业	(元/人)	322211	292110
第三产业	(元/人)	285674	272980
人民生活			
城镇与农村居民人均可支配收入比例			
(以农村居民收入为1)		2.55	2.57
能源消费			
能源消费弹性系数		0.21	0.38
电力消费弹性系数		0.35	1.06
万元地区生产总值能耗(可比价)	(吨标准煤)	0.23	0.24
万元地区生产总值水耗(现价)	(立方米)	11.78	11.87
对外经济贸易			
进出口总值与地区生产总值之比(按人民币计算)	(%)	81.07	82.11

1-4 续表

项　　目		2019	2018
工 业			
资产负债率	(%)	42.08	45.15
流动资产周转率	(次)	1.23	1.19
成本费用利润率	(%)	7.74	7.82
建筑业			
产值竣工率	(%)	43.5	40.9
面积竣工率	(%)	11.9	13.6
邮电通信业			
移动电话普及率	(户/百人)	186.7	186.1
固定电话主线普及率	(线/百人)	25.8	28.5
科 技			
研究与试验发展经费内部支出			
相当于地区生产总值比例	(%)	6.31	5.65
教 育			
平均每一专任教师负担学生数			
#普通中学	(人)	8.2	7.9
小学学校	(人)	13.8	13.9
文 化			
每万人拥有公共图书馆	(个)	0.01	0.01
每万人拥有博物馆	(个)	0.08	0.08
卫 生			
平均每千人口医院床位数（常住人口）	(张)	5.55	5.40
平均每千人口拥有执业(助理)医师数（常住人口）	(人)	5.38	5.08

1-5 北京一日

项　　目		2019	2018
每日创造			
地区生产总值	(万元/日)	969076.7	907013.7
第一产业		3115.1	3304.1
第二产业		156578.1	150065.8
第三产业		809383.6	753646.6
一般公共预算收入	(万元/日)	159372.6	158518.3
一般公共预算支出	(万元/日)	202964.0	204696.8
发电量	(万千瓦时/日)	11813.5	11980.8
汽车生产量	(辆/日)	4493	4471
移动电话机生产量	(台/日)	229406	231452
显示器生产量	(台/日)	12879	11132
公共电汽车客运量	(万人次/日)	858.5	873.9
轨道交通客运量	(万人次/日)	1085.6	1054.4
铁路客运量	(万人次/日)	40.4	39.1
公路客运量	(万人次/日)	131.9	121.0
民航客运量	(万人次/日)	25.3	25.0
旅游外汇收入	(万美元/日)	1421.9	1511.2
国内旅游收入	(万元/日)	160717.8	152223.8
地区出口总值	(万元/日)	141708.9	133658.7
地区进口总值	(万元/日)	643967.1	611066.7
实际利用外商直接投资额	(万美元/日)	3894.0	4742.7
每日生活			
社会消费品零售总额	(万元/日)	412702.8	395131.3
吃类商品		77335.8	71864.6
穿类商品		22223.7	22392.6
用类商品		296687.3	283284.4
烧类商品		16456.0	17591.1
常住出生人口	(人/日)	479	488
常住死亡人口	(人/日)	324	331
登记结婚对数	(对/日)	353	378
离婚对数	(对/日)	230	204
全市居民人均可支配收入	(元/日)	185.6	170.9
全市居民人均消费支出	(元/日)	117.9	109.2
法人单位从业人员平均工资	(元/日)	385.2	348.2
电影放映场次	(场次/日)	9759	8482
特快专递业务量	(万件/日)	626.6	605.1
城乡居民生活用电量	(万千瓦时/日)	6893.1	7023.5
居民家庭用天然气	(万立方米/日)	399.7	386.5
自来水销售总量	(万立方米/日)	328.9	317.4
污水处理能力	(万立方米/日)	679.2	670.6
生活垃圾清运量	(万吨/日)	2.8	2.7

注：离婚对数包括在民政部门登记的对数和经法院调离和判离的对数。

第二章

分区历史数据

简要说明

一、本章资料的主要内容

本章主要包括人口、地区生产总值、一般公共预算收支、固定资产投资、社会消费品零售总额、农林牧渔业总产值、规模以上工业总产值、建筑业总产值、外商投资、居民收支、在校学生和幼儿数、卫生、社会保险等指标的分区主要年份历史数据。

二、本章资料的数据来源

户籍人口数据来自北京市公安局；财政收支数据来自北京市财政局；外商投资数据来自北京市商务局；在校学生和幼儿数据来自北京市教育委员会；卫生数据来自北京市卫生健康委员会；城乡居民收支数据来自国家统计局北京调查总队；社会保险数据来自北京市人力资源和社会保障局；其他数据来自北京市统计局。

三、有关统计标准变化和调整的说明

2011 年开始，根据国家统计局规定，固定资产投资统计起点由 50 万元调整至 500 万元。

2005 年开始，社会消费品零售总额数据按法人在地原则核算，2009 年开始按产业在地原则核算。

规模以上工业总产值 2005 年为全部国有及年主营业务收入在 500 万元及以上非国有工业口径；2007 年调整为年主营业务收入 500 万元及以上的全部工业法人企业；2011 年及以后调整为年主营业务收入 2000 万元及以上的全部工业法人企业。

按照国家统计局要求，自 2015 年起北京根据城乡一体化改革后新口径发布全市和分城乡的居民收支数据。

2016 年按照国家统计局统一部署，开始实施地区研发支出核算方法改革，将研发支出未计入地区生产总值部分进行补充核算。

四、本章中关于历史数据调整的问题

农林牧渔业总产值 2005 年数据根据北京市第二次全国农业普查进行了修订。

2018 年数据为北京市第四次全国经济普查数据，并根据普查结果对地区生产总值、能源、研发和试验情况历史数据进行了调整修订。

2-1 主要年份常住人口

单位：万人

各 区	2005	2010	2012	2013	2014	2015	2016	2017	2018	2019
全 市	**1538.0**	**1961.9**	**2069.3**	**2114.8**	**2151.6**	**2170.5**	**2172.9**	**2170.7**	**2154.2**	**2153.6**
东城区	86.0	91.9	90.8	90.9	91.1	90.5	87.8	85.1	82.2	79.4
西城区	119.2	124.3	128.7	130.3	130.2	129.8	125.9	122.0	117.9	113.7
朝阳区	280.2	354.5	374.5	384.1	392.2	395.5	385.6	373.9	360.5	347.3
丰台区	156.8	211.2	221.4	226.1	230.0	232.4	225.5	218.6	210.5	202.5
石景山区	52.4	61.6	63.9	64.4	65.0	65.2	63.4	61.2	59.0	57.0
海淀区	258.6	328.1	348.4	357.6	367.8	369.4	359.3	348.0	335.8	323.7
门头沟区	27.7	29.0	29.8	30.3	30.6	30.8	31.1	32.2	33.1	34.4
房山区	87.0	94.5	98.6	101.0	103.6	104.6	109.6	115.4	118.8	125.5
通州区	86.7	118.4	129.1	132.6	135.6	137.8	142.8	150.8	157.8	167.5
顺义区	71.1	87.7	95.3	98.3	100.4	102.0	107.5	112.8	116.9	122.8
昌平区	78.2	166.1	183.0	188.9	190.8	196.3	201.0	206.3	210.8	216.6
大兴区	88.6	136.5	147.0	150.7	154.5	156.2	169.4	176.1	179.6	188.8
怀柔区	32.2	37.3	37.7	38.2	38.1	38.4	39.3	40.5	41.4	42.2
平谷区	41.4	41.6	42.0	42.2	42.3	42.3	43.7	44.8	45.6	46.2
密云区	43.9	46.8	47.4	47.6	47.8	47.9	48.3	49.0	49.5	50.3
延庆区	28.0	31.7	31.7	31.6	31.6	31.4	32.7	34.0	34.8	35.7

注：1.2005年，2015年数据为1%人口抽样调查推算数据；2013-2014年，2016-2019年为人口抽样调查推算数据(下表同)。
2.全市数据2010年为北京市第六次全国人口普查推算数，分区数据2010年为北京市第六次全国人口普查数据，普查标准时点为2010年11月1日零时(另：普查时点全市常住人口为1961.2万人)。

2-2 主要年份常住外来人口

单位：万人

各 区	2005	2010	2012	2013	2014	2015	2016	2017	2018	2019
全 市	**357.3**	**704.7**	**773.8**	**802.7**	**818.7**	**822.6**	**807.5**	**794.3**	**764.6**	**745.6**
东城区	15.3	22.0	21.2	21.0	21.2	20.7	19.2	17.8	16.5	15.4
西城区	21.1	32.7	33.3	34.4	32.8	31.0	29.2	27.9	22.3	21.0
朝阳区	84.0	151.5	169.5	176.1	179.8	184.0	174.8	168.8	157.9	149.1
丰台区	36.6	81.3	83.7	85.0	85.1	83.8	79.9	75.4	69.8	64.1
石景山区	14.9	20.7	21.4	21.4	21.2	21.0	19.0	17.8	15.2	13.7
海淀区	73.7	125.6	138.4	143.5	150.3	148.6	139.3	127.6	123.4	123.7
门头沟区	4.1	4.7	4.9	5.0	4.9	4.8	5.0	5.0	5.2	5.7
房山区	11.9	19.5	22.8	24.6	26.7	27.4	28.0	30.3	30.6	30.8
通州区	19.7	43.5	50.7	53.6	55.5	55.9	57.0	60.3	65.7	64.6
顺义区	15.6	27.9	34.5	37.3	38.9	40.2	43.0	46.4	46.7	48.0
昌平区	21.9	84.7	95.7	100.6	100.2	102.6	103.8	105.5	106.7	105.1
大兴区	25.3	64.4	71.4	73.5	75.6	76.1	82.1	83.2	76.5	77.1
怀柔区	5.3	10.3	10.3	10.6	10.4	10.5	10.6	10.7	10.3	10.2
平谷区	2.4	4.9	5.2	5.3	5.3	5.3	5.5	5.7	5.1	4.7
密云区	3.5	6.9	7.1	7.2	7.2	7.1	7.2	7.6	7.9	7.9
延庆区	2.0	3.9	3.7	3.6	3.6	3.6	3.9	4.3	4.8	4.5

注：全市数据2010年为北京市第六次全国人口普查推算数，分区数据2010年为北京市第六次全国人口普查数据，普查标准时点为2010年11月1日零时(另：普查时点全市常住外来人口为704.5万人)。

2-3 主要年份户籍人口

单位：万人

各 区	2005	2010	2012	2013	2014	2015	2016	2017	2018	2019
全 市	**1180.7**	**1257.8**	**1297.5**	**1316.3**	**1333.4**	**1345.2**	**1362.9**	**1359.2**	**1375.8**	**1397.4**
东城区	97.0	95.6	96.8	97.4	98.0	97.4	97.4	96.7	97.4	98.8
西城区	128.7	134.5	138.5	140.8	142.9	145.2	146.5	145.0	146.5	150.4
朝阳区	171.1	188.6	197.4	201.2	204.2	207.4	210.9	209.8	211.7	214.9
丰台区	97.4	106.3	109.7	111.4	112.8	113.7	115.3	113.9	115.0	116.6
石景山区	35.0	36.2	37.1	37.6	38.0	38.3	38.7	38.2	38.6	39.0
海淀区	191.8	219.6	230.7	235.3	238.5	239.5	240.2	235.4	238.8	241.1
门头沟区	23.8	24.6	24.8	24.9	24.9	24.9	25.1	24.9	25.1	25.4
房山区	75.4	76.8	78.0	78.6	79.4	79.9	81.3	81.9	83.0	84.1
通州区	62.9	66.3	68.3	69.3	70.5	71.8	74.7	76.9	78.7	80.8
顺义区	55.9	58.2	59.4	60.1	60.9	61.5	62.7	63.5	64.5	65.5
昌平区	48.2	53.3	56.1	57.3	58.5	59.5	61.1	61.9	63.5	65.0
大兴区	56.6	59.9	62.2	63.6	65.1	66.3	68.4	69.9	71.6	73.4
怀柔区	27.3	27.7	27.8	27.9	28.1	28.2	28.3	28.4	28.5	28.7
平谷区	39.5	39.5	39.8	39.9	40.1	40.1	40.2	40.4	40.6	40.9
密云区	42.5	42.8	43.0	43.1	43.3	43.3	43.6	43.7	43.8	44.1
延庆区	27.6	27.9	28.0	28.1	28.2	28.2	28.4	28.5	28.7	28.9

资料来源：北京市公安局。

2-4 主要年份地区生产总值

单位：亿元

各 区	2005	2010	2012	2013	2014	2015	2016	2017	2018	2019
全 市	**7149.8**	**14964.0**	**19024.7**	**21134.6**	**22926.0**	**24779.1**	**27041.2**	**29883.0**	**33106.0**	**35371.3**
东城区	656.1	1291.6	1574.8	1762.4	1915.5	2099.2	2280.1	2508.3	2727.1	2910.4
西城区	1079.5	2086.4	2692.5	2966.8	3229.1	3553.2	3881.8	4265.7	4692.3	5007.3
朝阳区	1357.0	2944.0	3908.0	4351.2	4704.0	5073.0	5516.2	6079.9	6668.2	7116.4
丰台区	386.5	770.5	984.2	1087.5	1180.7	1283.7	1399.1	1557.9	1710.9	1829.6
石景山区	211.7	321.7	388.3	437.4	481.8	532.3	592.9	667.3	748.8	806.4
海淀区	1443.6	3097.9	4010.8	4538.7	4968.2	5359.7	5908.0	6594.3	7369.1	7926.0
门头沟区	46.7	95.8	133.1	143.5	154.1	171.0	188.4	208.4	232.4	249.3
房山区	210.8	374.4	454.5	488.2	526.3	568.4	614.3	681.7	767.0	810.9
通州区	152.0	394.8	524.7	589.3	647.3	689.7	761.4	852.2	986.7	1059.2
顺义区	261.8	878.4	1121.7	1260.0	1358.4	1471.5	1600.7	1715.9	1876.0	1992.9
昌平区	201.1	417.6	549.5	622.7	693.6	755.1	815.4	906.3	997.9	1071.8
大兴区	166.8	368.5	468.0	517.4	564.9	614.2	678.7	759.5	846.6	907.6
怀柔区	85.7	160.7	207.2	234.3	256.4	281.3	304.9	336.0	375.0	399.9
平谷区	57.7	119.8	159.5	177.3	194.4	214.3	233.1	252.5	276.3	293.5
密云区	79.5	142.7	181.0	200.3	215.6	234.9	255.0	287.8	317.5	340.9
延庆区	40.5	73.8	95.6	106.2	115.6	127.4	139.5	158.6	179.3	195.3
北京经济技术开发区	266.1	782.6	986.6	1089.3	1186.5	1295.2	1409.6	1572.8	1793.5	1932.8

注：1.表内数据按现价计算。
2.地区生产总值各区合计数不等于全市是由于各区中扣除了划归市一级核算的部分。
3.表内数据根据北京市第四次全国经济普查结果进行了修订。

2-5 主要年份一般公共预算收入

单位：亿元

各　区	2005	2010	2012	2013	2014	2015	2016	2017	2018	2019
全　　市	**919.21**	**2353.93**	**3314.93**	**3661.11**	**4027.16**	**4723.86**	**5081.26**	**5430.79**	**5785.92**	**5817.10**
东 城 区	49.15	102.79	134.84	147.13	155.95	164.56	166.34	172.17	175.62	189.70
西 城 区	71.08	213.63	309.11	341.95	372.76	451.41	413.81	422.12	430.85	431.11
朝 阳 区	84.49	231.34	345.19	376.47	411.83	447.98	477.13	508.17	533.68	535.55
丰 台 区	17.80	45.64	68.58	76.93	86.14	94.49	104.59	113.11	121.60	127.70
石景山区	10.26	18.85	25.07	30.61	37.97	45.09	52.07	56.44	62.14	63.43
海 淀 区	70.80	188.28	263.06	291.45	316.16	357.50	386.11	416.92	446.01	446.50
门头沟区	6.89	10.68	19.07	20.72	22.03	26.07	27.79	29.63	31.58	33.65
房 山 区	12.79	28.16	40.03	45.08	45.60	50.15	53.70	60.25	64.65	70.06
通 州 区	11.45	31.65	45.95	52.91	60.86	70.80	76.51	79.23	83.07	88.73
顺 义 区	16.45	58.44	86.24	98.03	110.62	124.76	137.86	148.88	159.30	165.70
昌 平 区	13.20	35.59	52.21	60.08	66.28	73.05	78.28	84.34	94.99	105.57
大 兴 区	10.93	30.14	45.51	52.39	61.52	71.25	77.72	84.71	92.35	102.51
怀 柔 区	7.43	18.24	23.46	26.70	30.34	33.38	35.65	37.98	40.48	43.11
平 谷 区	5.47	13.65	21.01	23.97	26.55	27.93	27.95	29.63	30.05	24.22
密 云 区	7.43	15.58	22.18	25.42	27.79	29.50	31.17	33.04	36.30	37.46
延 庆 区	2.77	7.10	8.94	10.02	11.02	13.50	13.61	16.16	19.17	21.45

注：各区财政收支为区级财政口径，故表中分区数据之和不等于全市合计。

资料来源：北京市财政局。

2-6 主要年份一般公共预算支出

单位：亿元

各　区	2005	2010	2012	2013	2014	2015	2016	2017	2018	2019
全　市	**1058.31**	**2717.32**	**3685.31**	**4173.66**	**4524.67**	**5737.70**	**6406.77**	**6824.53**	**7471.43**	**7408.19**
东 城 区	54.50	115.59	154.70	168.96	195.37	237.16	237.54	243.83	251.57	259.32
西 城 区	68.23	230.81	258.99	286.65	318.46	474.91	426.09	430.77	429.71	427.80
朝 阳 区	59.62	168.00	275.10	316.77	380.79	443.65	453.03	513.38	563.22	658.01
丰 台 区	32.40	84.56	142.36	150.63	152.92	207.93	194.11	227.41	247.75	252.70
石景山区	16.90	42.85	51.82	61.25	68.83	91.33	97.97	98.65	124.57	117.03
海 淀 区	81.10	216.09	305.58	388.35	393.62	496.71	577.40	619.07	659.32	697.03
门头沟区	19.57	45.75	60.10	76.10	68.89	93.31	87.52	95.21	106.34	110.91
房 山 区	31.28	80.23	114.11	144.81	154.12	183.57	224.20	217.71	258.73	249.40
通 州 区	25.22	74.22	99.34	125.46	131.84	198.31	338.44	320.65	405.40	359.80
顺 义 区	31.17	95.22	130.35	146.69	167.84	225.11	239.09	243.10	315.01	305.87
昌 平 区	25.68	73.59	95.36	123.25	138.44	185.74	160.29	184.70	192.03	223.29
大 兴 区	26.64	72.23	101.36	135.25	159.66	291.80	239.45	229.02	259.92	256.33
怀 柔 区	22.34	63.08	75.55	96.47	97.89	106.98	107.44	135.10	153.37	147.24
平 谷 区	20.61	52.33	70.88	82.36	83.25	107.25	121.23	131.17	132.31	127.06
密 云 区	23.93	61.73	76.90	89.62	95.59	110.21	113.51	150.92	180.68	163.68
延 庆 区	16.96	43.65	59.72	79.04	74.10	83.83	92.47	121.59	140.12	128.31

资料来源：北京市财政局。

2-7 主要年份固定资产投资

单位：亿元

各 区	2005	2010	2012	2013	2014	2015	2016	2017	2018年增长速度(%)	2019年增长速度(%)
全 市	**2827.2**	**5493.5**	**6462.8**	**7032.2**	**7562.3**	**7990.9**	**8461.7**	**8948.1**	**-9.9**	**-2.4**
东城区	242.2	180.7	182.5	195.1	214.7	235.2	264.6	284.7	1.2	-8.8
西城区	280.2	181.7	198.4	213.0	241.2	246.0	252.7	296.8	-20.4	-20.1
朝阳区	729.5	1230.7	1195.5	1216.7	1235.4	1238.7	1257.9	1356.1	-7.5	-8.6
丰台区	232.2	504.6	660.1	752.0	812.3	862.3	960.9	983.5	-23.7	-6.1
石景山区	76.5	154.5	144.8	162.9	184.1	201.3	225.6	271.0	1.1	6.1
海淀区	428.3	567.0	688.9	775.1	841.7	870.5	872.5	1005.7	-5.9	2.1
门头沟区	22.8	94.8	190.7	230.1	267.8	292.1	338.3	380.2	-65.1	1.9
房山区	127.0	403.8	490.1	493.7	505.8	532.3	536.9	547.9	-34.4	15.0
通州区	112.3	364.7	506.1	590.8	687.7	800.8	939.9	1054.5	-21.8	15.5
顺义区	133.8	413.7	418.6	429.7	432.3	465.2	485.0	516.2	-10.3	2.2
昌平区	120.5	374.4	490.1	551.9	614.5	581.1	594.5	546.3	-14.9	0.2
大兴区	87.1	422.7	480.5	506.2	556.7	811.3	827.3	818.7	25.4	-14.5
怀柔区	54.9	103.6	138.3	156.0	167.1	130.9	121.1	141.6	5.8	15.6
平谷区	33.5	82.4	122.5	141.2	162.7	146.9	164.7	101.4	31.5	-4.2
密云区	44.8	121.7	145.3	165.1	177.3	107.6	126.0	130.9	8.9	-7.0
延庆区	16.7	55.7	70.4	77.6	69.9	71.2	107.2	154.1	77.1	7.3
北京经济技术开发区	84.8	236.6	339.9	375.2	391.0	397.6	386.7	358.5	-6.4	-6.6

注：1. 本表资料按项目所在建设地地址划分。
2. 2005-2018年为全社会固定资产投资口径，2019年增长速度为固定资产投资（不含农户）可比口径。

2-8　主要年份社会消费品零售总额

单位：亿元

各　区	2005	2010	2012	2013	2014	2015	2016	2017	2018	2019
全　市	**3221.4**	**7273.0**	**9440.2**	**10382.5**	**11354.0**	**12271.9**	**13134.9**	**13933.7**	**14422.3**	**15063.7**
东 城 区	310.9	640.9	841.8	905.4	990.2	1075.4	1146.3	1211.8	1257.1	1319.5
西 城 区	327.7	618.0	773.3	828.1	872.6	922.9	977.5	1023.4	1053.7	1095.5
朝 阳 区	865.1	1947.3	2425.8	2643.0	2817.3	3000.5	3182.5	3337.1	3407.2	3525.3
丰 台 区	352.5	796.9	934.5	1005.1	1095.1	1184.2	1269.3	1349.3	1401.4	1463.9
石景山区	141.4	178.4	241.8	273.8	309.7	344.1	374.9	400.1	416.3	435.7
海 淀 区	653.5	1481.5	1948.9	2127.8	2340.6	2518.5	2674.7	2813.3	2873.1	2972.6
门头沟区	14.6	40.6	59.9	68.0	74.7	82.2	89.2	96.7	103.5	109.5
房 山 区	72.7	142.6	198.8	225.1	252.8	278.2	303.3	330.6	354.5	375.6
通 州 区	87.5	227.0	306.5	346.9	393.3	436.1	478.8	521.6	552.2	590.7
顺 义 区	76.3	222.7	326.5	387.0	441.5	484.5	526.6	568.8	603.6	637.8
昌 平 区	63.5	330.7	434.3	479.3	527.9	575.7	622.9	677.1	708.5	743.7
大 兴 区	71.0	204.9	325.3	387.1	447.0	502.3	550.6	598.4	643.6	684.0
怀 柔 区	36.7	80.1	110.0	126.6	144.4	160.7	177.0	193.9	208.2	220.2
平 谷 区	23.0	59.8	86.4	97.9	111.2	123.0	134.8	146.2	156.6	166.2
密 云 区	42.6	74.2	98.9	110.5	119.6	130.0	140.6	151.1	161.4	174.3
延 庆 区	38.4	49.1	63.4	70.3	75.4	81.7	88.1	94.8	100.2	108.0
北京经济技术开发区	44.1	178.2	263.8	300.6	340.6	371.9	398.0	419.6	421.1	441.1

注：1. 各区社会消费品零售额2005年按照法人在地口径进行统计，2010年之后按产业在地口径统计。
　　2.表内数据根据北京市第四次全国经济普查结果进行了修订。

2-9 主要年份农林牧渔业总产值

单位：亿元

各　区	2005	2010	2012	2013	2014	2015	2016	2017	2018	2019
全　市	**239.3**	**328.0**	**395.7**	**421.8**	**420.1**	**368.2**	**338.1**	**308.3**	**296.8**	**281.7**
朝阳区	3.9	4.1	4.5	4.2	4.3	3.5	3.2	3.3	5.0	7.5
丰台区	2.7	3.0	3.5	3.6	2.5	1.9	1.7	2.1	2.2	2.0
海淀区	3.4	4.0	5.7	5.8	5.9	5.3	5.2	4.4	4.3	4.3
门头沟区	2.1	3.9	5.3	5.3	3.5	2.4	2.5	2.7	7.6	6.8
房山区	31.4	42.6	46.5	50.6	52.5	40.2	38.2	35.7	33.8	33.3
通州区	28.9	39.8	51.5	55.4	57.8	50.1	42.4	40.8	39.6	30.3
顺义区	49.5	58.6	67.6	68.3	68.5	58.1	53.4	48.3	46.3	43.4
昌平区	10.1	16.8	26.0	27.8	25.8	22.1	20.7	20.3	18.9	23.2
大兴区	34.7	48.2	54.8	61.2	63.2	55.9	48.8	40.8	31.7	27.7
怀柔区	12.1	17.1	19.1	20.3	20.4	17.7	15.2	15.4	14.9	14.5
平谷区	17.6	29.4	39.7	44.7	48.2	46.7	45.0	39.8	39.5	35.8
密云区	24.0	39.2	45.6	47.3	41.6	41.9	40.9	35.8	32.7	33.2
延庆区	13.0	20.3	25.0	26.1	24.1	20.6	19.3	17.7	20.0	18.9

注：全市农林牧渔业总产值中含远洋捕捞，各区不包括远洋捕捞数据，故分区数据相加不等于全市。

2–10 主要年份规模以上工业总产值

单位：亿元

各区	2005	2010	2012	2013	2014	2015	2016	2017	2018	2019
全市	**6946.2**	**13699.8**	**15596.2**	**17370.9**	**18452.9**	**17449.6**	**18087.3**	**18901.1**	**19669.0**	**20386.1**
东城区	89.3	67.1	109.6	123.5	161.6	203.0	195.9	200.2	216.2	227.0
西城区	334.9	686.3	833.1	883.2	965.8	1067.2	1096.0	1145.7	583.1	575.9
朝阳区	707.7	1040.5	1239.2	1093.2	1006.8	723.4	816.3	715.4	751.9	787.8
丰台区	268.9	433.5	386.4	418.6	434.2	452.5	446.5	437.6	453.2	468.4
石景山区	602.3	630.5	303.5	276.5	241.4	226.9	213.5	222.4	210.8	234.6
海淀区	850.4	1343.0	1489.3	1708.3	2211.2	2216.5	2108.6	2387.6	2517.8	2577.0
门头沟区	48.4	78.7	104.6	80.7	98.5	86.5	77.0	84.3	76.8	55.5
房山区	611.1	949.6	1019.9	970.7	1064.7	833.0	751.2	895.2	1002.0	928.2
通州区	228.7	593.0	610.0	667.7	691.1	618.9	644.0	641.2	620.6	616.6
顺义区	864.3	1851.6	2299.0	2862.5	2983.6	2828.4	3008.6	2192.1	1913.5	1659.2
昌平区	438.6	987.8	1191.7	1271.0	1133.7	804.9	891.2	1099.1	1070.8	1205.0
大兴区	204.2	455.1	570.9	633.1	664.6	694.5	771.8	811.9	825.6	820.0
怀柔区	120.0	484.8	440.4	553.2	552.7	451.4	491.9	636.0	612.4	576.3
平谷区	86.2	184.7	216.8	242.6	253.9	244.8	246.8	189.0	167.3	144.6
密云区	92.9	177.0	262.0	293.1	309.0	284.4	331.8	305.8	278.8	292.4
延庆区	19.0	51.4	67.7	65.0	69.3	53.9	71.5	79.0	90.6	110.2
北京经济技术开发区	1119.5	2228.1	2187.9	2292.9	2421.0	2555.5	2842.5	3424.9	3713.7	4125.2

注：自2004年起，国家电网公司、国网冀北电力有限公司的“工业总产值”由市统计局统一核算，故表中“工业总产值”指标分区数据之和不等于全市。

2–11 主要年份建筑业总产值

单位：亿元

各 区	2005	2010	2012	2013	2014	2015	2016	2017	2018	2019
全 市	**1894.0**	**5196.0**	**6588.3**	**7459.6**	**8209.8**	**8436.7**	**8841.2**	**9736.7**	**10939.8**	**11999.4**
东城区	137.3	350.3	445.9	503.1	513.3	552.8	628.4	674.8	809.6	896.3
西城区	190.2	389.3	560.0	578.4	661.2	584.1	646.3	736.1	692.8	750.7
朝阳区	285.0	703.7	879.2	1012.0	1066.7	1073.6	1155.1	1329.3	1556.9	1699.8
丰台区	174.3	622.1	819.7	981.4	1184.5	1280.3	1516.3	1627.1	1917.1	2487.8
石景山区	80.0	311.5	358.5	391.0	460.2	454.5	429.4	471.8	519.8	605.1
海淀区	389.7	1132.6	1337.0	1444.5	1528.0	1649.9	1610.8	1835.4	1970.0	1931.2
门头沟区	41.3	50.8	71.7	80.9	84.4	92.6	93.5	103.4	133.0	150.7
房山区	145.7	260.0	294.0	329.0	364.6	346.3	349.5	356.4	414.5	141.2
通州区	78.1	324.2	478.2	757.1	923.7	1016.6	1064.5	1175.4	1267.4	1414.4
顺义区	68.5	151.3	220.8	244.0	307.5	296.8	306.7	374.7	453.7	488.3
昌平区	68.5	197.2	260.7	293.3	219.8	179.3	184.9	189.7	206.6	240.5
大兴区	82.4	190.1	284.7	301.2	308.1	326.4	343.0	333.3	380.3	507.5
怀柔区	54.1	75.0	84.9	71.6	77.8	77.1	82.1	89.3	88.7	113.9
平谷区	25.4	44.1	83.1	79.8	87.9	74.3	82.9	68.0	76.3	82.3
密云区	35.5	71.0	96.4	100.9	120.5	117.0	94.5	109.2	133.3	170.2
延庆区	35.2	42.0	50.3	57.4	60.8	56.7	46.0	59.2	44.6	45.3
北京经济技术开发区	2.8	280.8	263.2	234.0	240.8	258.4	207.4	203.6	275.1	274.2

注：建筑业相关数据是按照企业经营地划分，统计范围为施工总承包、专业承包建筑业企业。

2-12 主要年份实际利用外商直接投资额

单位：万美元

各　区	2005	2010	2012	2013	2014	2015	2016	2017	2018	2019
全　市	**352638**	**636358**	**804160**	**852418**	**904085**	**1299635**	**1302858**	**2432909**	**1731089**	**1421299**
东城区	29433	53592	63634	66149	51037	52735	50298	58209	62388	62521
西城区	11738	61534	60648	50045	43378	33539	50378	1161083	51449	9730
朝阳区	140029	240298	320073	342225	390011	933873	745228	587979	397477	429054
丰台区	5734	12758	16632	18637	45291	5815	10414	10263	1455	11035
石景山区	841	6583	7809	8748	9370	9112	15026	25333	38710	41753
海淀区	47536	136343	150164	160011	160161	130222	188722	249059	790955	615134
门头沟区	430	200	4485	100	805	1523	1004	2490	3204	3462
房山区	1415	7455	7998	1014	1367	275	4074	18400	4026	5568
通州区	8419	9042	10376	12004	35741	30534	36036	81861	55388	60337
顺义区	25217	40014	42053	36002	52218	52114	69305	92711	165533	91087
昌平区	3909	8894	9288	9865	10380	10903	78881	80000	85000	10115
大兴区	4878	11554	82031*	81515*	87485*	32517*	41103*	45120*	61940*	10023
怀柔区	5713	6575	20659	37817	5020	2152	3725	13129	6448	7204
平谷区	4202	5363	7197	7206	9575	1500	4500	6043	5135	5013
密云区	2569	4552	587	984	1909	861	2098	720	1059	1290
延庆区	371	835	526	20096	337	1960	2066	509	922	2299
北京经济技术开发区	60204	30766	66923	63558	63619	30217	30541	39622	53781	55674

注："*"表示大兴区实际利用外商直接投资额中包含北京经济技术开发区数据。

资料来源：北京市商务局。

2-13 居民人均可支配收入（2015-2019年）

单位：元

各 区	2015	2016	2017	2018	2019
全 市	**48458**	**52530**	**57230**	**62361**	**67756**
东城区	61764	66084	70289	75547	81592
西城区	67492	71863	76511	81678	88291
朝阳区	55450	60056	64841	70746	76936
丰台区	47127	51173	55871	60144	65215
石景山区	56304	60980	66112	71244	76990
海淀区	62325	67022	71986	78178	84733
门头沟区	39037	42293	45881	49298	53743
房山区	30656	33322	36289	39391	42823
通州区	31397	34097	37209	40553	44190
顺义区	28257	30808	33568	36575	39948
昌平区	35306	38350	41632	45399	49669
大兴区	33849	36718	39862	43464	47432
怀柔区	28595	30982	33764	36797	40067
平谷区	28367	30768	33414	36012	38949
密云区	27259	29490	32165	34951	38004
延庆区	26975	29157	31555	33887	36482

2-14 居民人均消费支出（2015-2019年）

单位：元

各 区	2015	2016	2017	2018	2019
全 市	**33803**	**35416**	**37425**	**39843**	**43038**
东 城 区	40865	43923	46154	49026	52715
西 城 区	43595	45329	46668	49642	53437
朝 阳 区	39660	40034	41579	44849	48174
丰 台 区	34240	37831	38127	40927	43468
石景山区	36789	38547	40767	43286	45904
海 淀 区	44626	46630	49458	52910	56630
门头沟区	28364	31083	31820	33805	36054
房 山 区	19955	21918	23180	24363	26134
通 州 区	22508	24505	26550	28696	31004
顺 义 区	18231	19716	21371	23118	25024
昌 平 区	25675	27842	30046	32469	35178
大 兴 区	23402	24976	26365	28564	30933
怀 柔 区	19569	21383	23088	25035	27070
平 谷 区	18990	20578	21670	23021	24712
密 云 区	18792	19538	20306	21772	23321
延 庆 区	18202	19732	21449	23023	24652

2–15 主要年份城镇居民人均可支配收入

单位：元

各 区	2005	2010	2012	2013	2014	2015	2016	2017	2018	2019
全 市	**18775**	**32132**	**40306**	**44564**	**48532**	**52859**	**57275**	**62406**	**67990**	**73849**
东城区		30684	38559	41676	45052	61764	66084	70289	75547	81592
西城区		31633	39772	43479	47392	67492	71863	76511	81678	88291
朝阳区	17506	30134	37883	41035	44646	55450	60056	64841	70746	76936
丰台区	15795	27081	34200	37886	41334	47127	51173	55871	60144	65215
石景山区	16183	28051	35420	38657	41943	56304	60980	66112	71244	76990
海淀区	18479	33351	41841	45953	50088	62325	67022	71986	78178	84733
门头沟区	16006	25313	32369	35141	38023	42350	45872	49682	53227	57892
房山区	15175	23769	30025	32886	35912	36317	39486	42992	46503	50644
通州区	15603	24427	30476	33662	37095	37608	40845	44607	48682	53088
顺义区	16167	24825	30437	33329	36428	33394	36448	39736	43437	47496
昌平区	15684	24428	29950	32495	35517	38794	42149	45735	49778	54248
大兴区	15179	24368	31004	34128	37131	40598	43932	47572	51800	56450
怀柔区	15661	23428	29562	32519	35771	33247	36013	39272	42853	46706
平谷区	15050	23606	29850	32933	36226	35117	38080	41130	44402	48195
密云区	15106	23438	29551	32538	35499	33878	36631	40031	43512	47231
延庆区	15596	23329	28644	31132	33778	35603	38442	41599	44916	48701

注：本表全市数据为城乡一体化改革后的新口径数据，分区数据2015年及以后为新口径数据（下表同）。

2-16 主要年份城镇居民人均消费支出

单位：元

各 区	2005	2010	2012	2013	2014	2015	2016	2017	2018	2019
全 市	**14851**	**23999**	**28949**	**31632**	**33717**	**36642**	**38256**	**40346**	**42926**	**46358**
东 城 区		22196	25887	26994	28613	40865	43923	46154	49026	52715
西 城 区		22277	27149	29474	31921	43595	45329	46668	49642	53437
朝 阳 区	13257	22406	26785	28315	30467	39660	40034	41579	44849	48174
丰 台 区	11988	18207	22869	24783	26816	34240	37831	38127	40927	43468
石景山区	11636	18903	20530	22411	23845	36789	38547	40767	43286	45904
海 淀 区	12942	21597	26570	29430	31784	44626	46630	49458	52910	56630
门头沟区	11975	17617	20442	22313	24053	30012	32977	33910	36063	38100
房 山 区	11648	15870	19407	20386	21181	22742	25105	26368	28337	30589
通 州 区	11077	16046	18972	20604	23694	26944	29238	31701	34361	37187
顺 义 区	10208	14257	17463	18895	20784	22174	23810	25928	28301	30627
昌 平 区	10849	17123	19872	20322	21968	27340	29892	32030	34558	37335
大 兴 区	10107	15805	19852	22126	24382	26798	28166	29710	32033	34663
怀 柔 区	10549	15137	18590	20083	21730	21720	23633	25415	27642	29886
平 谷 区	10478	14895	18961	20966	22455	22519	24539	25225	27182	29424
密 云 区	10175	15628	17743	19079	21120	22741	23020	23849	25575	27620
延 庆 区	10384	13467	16481	18155	19808	22882	24809	27109	29238	31422

2-17 主要年份小学在校学生数

单位：万人

各 区	2005	2010	2012	2013	2014	2015	2016	2017	2018	2019
全 市	**49.45**	**65.33**	**71.87**	**78.93**	**82.12**	**85.03**	**86.84**	**87.58**	**91.32**	**94.16**
东城区	3.99	4.57	4.67	4.91	5.08	5.30	5.46	5.56	5.93	6.16
西城区	4.13	4.99	5.56	6.07	6.45	6.93	7.38	7.75	8.50	9.06
朝阳区	4.78	8.41	9.85	11.88	12.80	13.29	13.57	13.70	14.25	14.70
丰台区	3.27	6.43	6.59	6.88	7.04	6.91	6.75	6.55	6.51	6.47
石景山区	1.33	2.07	2.14	2.29	2.35	2.38	2.35	2.28	2.31	2.35
海淀区	8.25	12.08	13.15	14.14	14.77	15.56	16.13	16.34	17.02	17.31
门头沟区	1.07	1.19	1.11	1.11	1.13	1.17	1.19	1.20	1.26	1.32
房山区	3.78	3.71	4.20	4.48	4.66	4.82	4.89	4.97	5.22	5.43
通州区	2.87	4.79	5.42	5.94	6.07	6.21	6.36	6.45	6.73	6.97
顺义区	2.50	3.21	3.59	3.81	4.10	4.28	4.45	4.64	4.89	5.04
昌平区	2.22	3.50	5.07	5.36	5.40	5.39	5.28	5.23	5.40	5.66
大兴区	3.11	4.01	4.24	5.60	5.62	5.93	6.09	6.01	6.26	6.57
怀柔区	1.65	1.48	1.55	1.61	1.65	1.70	1.70	1.69	1.72	1.73
平谷区	2.41	1.59	1.55	1.60	1.67	1.73	1.78	1.79	1.84	1.90
密云区	2.46	1.97	1.97	2.04	2.13	2.21	2.23	2.21	2.23	2.22
延庆区	1.61	1.32	1.19	1.18	1.19	1.23	1.23	1.23	1.25	1.27

注：从2007年开始，普通中学、小学、工读学校、特殊教育、学前教育在校学生数包括外省市户口借读学生。

资料来源：北京市教育委员会。

2-18 主要年份普通中学在校学生数

单位：万人

各　区	2005	2010	2012	2013	2014	2015	2016	2017	2018	2019
全　市	**59.99**	**50.83**	**49.90**	**49.82**	**48.43**	**45.28**	**43.14**	**43.04**	**43.44**	**46.16**
东城区	5.97	4.56	4.31	4.22	4.07	3.81	3.62	3.60	3.56	3.73
西城区	6.92	5.36	5.28	5.22	5.02	4.65	4.41	4.50	4.62	4.99
朝阳区	5.29	5.00	5.49	5.63	5.43	5.15	4.90	4.83	4.88	5.40
丰台区	3.11	3.09	2.86	2.99	3.06	2.80	2.49	2.23	2.21	2.42
石景山区	1.42	1.46	1.47	1.52	1.47	1.30	1.20	1.13	1.08	1.13
海淀区	9.27	9.95	10.35	10.37	10.32	9.78	9.54	9.90	10.03	10.62
门头沟区	1.01	0.82	0.73	0.73	0.72	0.69	0.68	0.67	0.68	0.70
房山区	4.52	3.14	2.89	2.81	2.74	2.58	2.46	2.45	2.50	2.65
通州区	4.06	3.06	2.88	2.83	2.72	2.55	2.50	2.49	2.55	2.72
顺义区	4.05	3.04	2.91	2.85	2.79	2.68	2.61	2.59	2.58	2.64
昌平区	1.98	2.19	2.46	2.58	2.45	2.25	2.13	2.10	2.13	2.24
大兴区	3.42	2.87	2.75	2.85	2.72	2.52	2.31	2.27	2.30	2.42
怀柔区	1.63	1.38	1.22	1.17	1.11	1.03	0.98	0.95	0.95	0.97
平谷区	3.14	1.70	1.40	1.27	1.20	1.09	1.04	1.05	1.07	1.12
密云区	2.40	1.95	1.72	1.62	1.53	1.41	1.37	1.41	1.45	1.55
延庆区	1.81	1.27	1.19	1.15	1.09	0.97	0.90	0.86	0.85	0.86

注：普通中学统计范围为普通高中和普通初中。

资料来源：北京市教育委员会。

2-19 主要年份幼儿园在园幼儿数

单位：人

各　区	2005	2010	2012	2013	2014	2015	2016	2017	2018	2019
全　市	**202301**	**276994**	**331524**	**348681**	**364954**	**394121**	**416982**	**445535**	**450645**	**467595**
东城区	11908	11877	12061	12722	13193	14464	15628	16720	17012	17981
西城区	12639	15174	16522	16385	16698	17127	17483	19398	20721	21962
朝阳区	33662	48324	56171	58653	62329	66518	72166	78764	82723	84489
丰台区	19481	31410	40252	40694	40401	41724	43421	44323	42431	41797
石景山区	6703	9879	12393	13319	13409	14853	15238	15514	14430	14544
海淀区	40121	47036	55070	56424	58028	60442	62569	65545	66379	67482
门头沟区	4285	5229	5470	5442	5241	5943	6302	7101	7509	8318
房山区	14136	22466	25953	28752	28878	30280	27281	31537	31758	32673
通州区	8951	13514	16505	20894	25455	28817	30371	26721	26938	29797
顺义区	8112	12545	15199	16962	19184	22749	25246	28880	29234	29963
昌平区	10076	16069	19885	20579	23294	25854	29707	32005	32959	37551
大兴区	8279	15545	21661	23502	24965	28370	32082	35029	35620	36995
怀柔区	4874	6190	9534	9547	8642	9523	10125	10956	10431	10641
平谷区	6451	6448	7760	8113	8393	9098	10235	12028	12140	12586
密云区	6564	9473	10433	10253	10343	11316	11762	13151	13010	13206
延庆区	6059	5815	6655	6440	6501	7043	7366	7863	7350	7610

资料来源：北京市教育委员会。

2-20 主要年份医疗卫生机构数

单位：个

各区	2005	2010	2012	2013	2014	2015	2016	2017	2018	2019
全市	**7536**	**9511**	**9974**	**10141**	**10265**	**10425**	**10637**	**10986**	**11100**	**11340**
东城区	458	484	537	548	564	570	576	579	554	554
西城区	644	589	607	611	632	646	660	664	695	702
朝阳区	798	1185	1239	1275	1337	1362	1438	1513	1641	1751
丰台区	248	482	516	541	549	554	550	539	527	535
石景山区	203	192	197	205	214	212	223	221	233	233
海淀区	816	914	986	1051	1036	1053	1080	1126	1182	1257
门头沟区	117	110	261	265	260	259	252	247	257	265
房山区	227	472	1009	1023	989	984	971	991	1007	1038
通州区	205	257	604	601	615	611	609	609	616	616
顺义区	165	275	606	608	651	707	745	763	771	778
昌平区	284	517	843	856	865	907	958	1046	1068	1112
大兴区	228	480	715	728	762	778	803	843	871	823
怀柔区	146	175	479	487	484	481	484	482	488	483
平谷区	68	113	431	434	430	437	427	427	271	274
密云区	106	208	662	641	610	589	585	597	589	574
延庆区	105	86	267	252	252	256	257	320	318	333

注：2011年开始，卫生机构中包含村卫生室。2012年开始，北京市卫生机构数中包含驻京部队医院，分区数据中不包含驻京部队医院，所以各区数据相加不等于全市合计。

资料来源：北京市卫生健康委员会。

2-21 主要年份医疗机构实有床位数

单位：张

各　区	2005	2010	2012	2013	2014	2015	2016	2017	2018	2019
全　市	**79067**	**92871**	**100167**	**104034**	**109789**	**111555**	**116963**	**120557**	**123508**	**127111**
东城区	10904	10106	10440	10948	10930	11046	11175	11305	9947	9938
西城区	12170	13819	14151	14562	15354	15604	15608	15868	16368	17411
朝阳区	12064	15709	17493	18252	19053	20075	22222	23186	23669	24487
丰台区	6158	7876	8275	8926	9347	9534	10045	10554	12317	12622
石景山区	2897	3529	3647	4007	4140	4636	4595	4755	4770	4868
海淀区	9624	9832	10304	10557	11374	11238	12351	13001	13261	13546
门头沟区	2381	2651	2705	2842	2859	2858	2863	2953	2990	2981
房山区	4569	6077	6034	5864	6173	6362	6641	6633	6329	6489
通州区	2351	2608	3170	3203	3216	3494	3651	3737	3802	4113
顺义区	2259	3149	3202	3270	3283	3430	3516	3669	3870	3909
昌平区	5885	7457	9085	9430	11110	10147	10882	11475	11817	12237
大兴区	3038	4434	5468	6074	6675	6780	7012	6999	7603	7501
怀柔区	1284	1377	1584	1576	1596	1683	1681	1711	1931	1982
平谷区	1229	1900	2043	2056	2001	2020	2007	1979	1984	2123
密云区	1182	1270	1535	1485	1696	1666	1700	1695	1748	1802
延庆区	1072	1077	1031	982	982	982	1014	1037	1102	1102

注：本表不含驻京部队医院数。
资料来源：北京市卫生健康委员会。

2-22　主要年份执业(助理)医师数

单位：人

各　区	2005	2010	2012	2013	2014	2015	2016	2017	2018	2019
全　　市	**50913**	**66165**	**82192**	**85819**	**89590**	**96445**	**100878**	**105732**	**109376**	**115771**
东 城 区	8571	8487	8993	9175	9460	9790	10123	10518	9817	10245
西 城 区	8594	9940	10942	11129	11300	11992	12303	12795	13121	13966
朝 阳 区	8069	12723	15279	15840	16572	17825	18610	19774	21167	22190
丰 台 区	3619	4823	5720	6029	6267	6509	6975	7572	9158	9536
石景山区	1644	2181	2345	2559	2687	2848	3009	3008	3113	3209
海 淀 区	6618	9281	9891	10140	10594	10761	11440	12687	13182	14314
门头沟区	907	1040	1110	1136	1120	1170	1225	1225	1263	1357
房 山 区	1839	2364	3025	3216	3316	3516	3644	3804	3945	4158
通 州 区	1739	2381	2688	2803	3034	3362	3593	3787	3789	3933
顺 义 区	1587	2107	2535	2649	2873	3190	3291	3386	3862	3916
昌 平 区	1743	3106	3701	3863	4302	4810	5260	5659	6220	6687
大 兴 区	1781	2942	3236	3427	3678	4021	4268	4374	4824	5076
怀 柔 区	972	1158	1268	1321	1406	1387	1437	1453	1642	1691
平 谷 区	1085	1316	1397	1437	1461	1530	1549	1546	1602	1723
密 云 区	1082	1286	1447	1545	1573	1580	1666	1724	1908	2053
延 庆 区	792	819	825	867	892	941	1035	1062	1113	1194

注：本表数据为医疗卫生机构范围。其中，分区数不含驻京部队医院数（下表同）。

资料来源：北京市卫生健康委员会。

2-23 主要年份注册护士数

单位：人

各区	2005	2010	2012	2013	2014	2015	2016	2017	2018	2019
全市	**42897**	**67308**	**95202**	**100652**	**106167**	**114294**	**117760**	**123158**	**123589**	**131314**
东城区	7566	8404	9228	9380	9972	10303	10575	10836	10440	10731
西城区	8744	12025	13521	13392	13796	15338	15296	15992	16292	17487
朝阳区	7279	13351	16564	17647	18189	18971	20418	21544	22234	24486
丰台区	2990	5150	6439	6807	7348	7664	7989	8237	9185	9586
石景山区	1386	2332	2641	3002	3077	3349	3315	3404	3577	3708
海淀区	5286	9692	11178	11930	12342	12660	12859	14670	15251	16274
门头沟区	872	1151	1350	1376	1388	1440	1478	1499	1502	1647
房山区	1709	2213	3097	3222	3578	3768	3855	4069	4264	4378
通州区	1207	2058	2523	2804	3092	3380	3609	3771	3642	3894
顺义区	943	1726	2008	2227	2396	2807	2886	2986	3350	3419
昌平区	1517	3023	3730	4036	5302	5938	6419	6840	7405	7898
大兴区	1231	2639	3334	3660	4069	4313	4629	4735	5159	5427
怀柔区	513	867	1026	1075	1106	1130	1129	1159	1259	1329
平谷区	504	1104	1251	1380	1403	1479	1498	1499	1535	1605
密云区	668	956	962	1123	1104	1204	1188	1172	1143	1263
延庆区	482	617	682	819	731	882	905	947	995	1054

资料来源：北京市卫生健康委员会。

2-24 主要年份参加企业职工基本养老保险人数

单位：万人

各区	2010	2012	2013	2014	2015	2016	2017	2018	2019
全市	**982.5**	**1206.4**	**1311.3**	**1392.6**	**1424.2**	**1459.1**	**1514.3**	**1591.5**	**1651.6**
东城区	102.3	120.4	129.9	135.0	137.6	142.7	143.9	148.2	151.7
西城区	152.0	175.5	183.8	189.4	191.6	192.8	193.8	195.5	198.2
朝阳区	194.3	248.1	274.8	294.8	301.4	312.5	326.9	348.9	363.9
丰台区	59.9	72.5	79.8	85.3	87.4	89.4	93.3	98.3	101.9
石景山区	31.4	36.5	38.8	40.7	41.6	42.4	44.2	46.1	47.7
海淀区	159.7	204.9	224.8	241.8	248.8	257.7	270.3	285.8	297.6
门头沟区	15.9	18.3	19.6	20.7	21.1	21.4	22.1	23.2	24.3
房山区	24.9	29.0	32.3	34.3	35.2	35.0	36.5	38.8	40.6
通州区	26.9	35.6	40.2	44.4	45.8	47.4	50.8	55.4	59.2
顺义区	34.9	46.0	51.7	55.9	57.5	58.3	61.3	65.3	68.2
昌平区	28.2	35.8	39.4	42.7	44.0	42.8	46.0	50.1	53.1
大兴区	30.3	40.1	45.2	48.6	49.5	49.4	51.8	54.9	58.7
怀柔区	12.8	16.0	18.1	19.7	20.2	20.0	20.9	22.2	23.4
平谷区	11.8	14.9	16.8	18.4	19.0	19.3	20.3	21.5	22.4
密云区	11.8	15.2	16.7	18.1	18.6	18.9	20.1	21.4	22.6
延庆区	6.5	7.7	8.2	8.7	8.9	9.0	9.4	9.8	10.2
北京经济技术开发区	19.3	28.8	32.9	36.6	38.2	39.2	42.1	46.0	48.7
其他	59.5	61.0	58.3	57.6	58.0	60.9	60.6	59.9	59.2

注：表中“其他”分组指社会保险代办机构。

资料来源：北京市人力资源和社会保障局。

2-25　主要年份参加职工基本医疗保险人数

单位：万人

各　区	2010	2012	2013	2014	2015	2016	2017	2018	2019
全　市	**1063.7**	**1279.7**	**1354.8**	**1431.3**	**1475.7**	**1517.6**	**1569.2**	**1628.9**	**1682.5**
东城区	130.6	148.5	153.3	157.2	159.8	160.5	161.8	163.0	164.0
西城区	169.7	196.7	210.9	213.9	213.4	213.0	214.2	213.8	214.8
朝阳区	213.5	264.3	275.7	307.3	317.2	327.6	346.4	370.9	382.2
丰台区	69.3	82.8	88.0	92.4	97.1	99.6	102.8	106.6	110.5
石景山区	33.5	38.8	40.3	42.2	44.4	46.2	48.1	49.5	50.5
海淀区	186.0	228.8	243.4	262.4	279.5	288.8	299.5	313.4	323.0
门头沟区	17.7	19.6	20.4	21.0	21.2	22.6	23.3	23.9	25.1
房山区	26.8	31.4	34.2	36.4	37.4	38.2	39.4	42.2	45.2
通州区	30.2	37.8	48.6	45.4	47.9	50.3	52.8	55.1	62.2
顺义区	38.6	49.0	52.3	55.0	56.1	57.6	59.5	61.0	63.1
昌平区	31.6	39.0	41.5	44.4	47.3	49.4	51.7	56.7	59.0
大兴区	34.1	44.0	46.7	48.5	49.3	52.8	54.3	55.2	58.4
怀柔区	14.3	17.2	18.9	20.5	20.7	21.4	22.1	22.0	24.2
平谷区	13.8	16.8	18.1	19.6	20.3	20.9	21.6	22.7	22.7
密云区	14.6	18.3	18.7	19.5	20.4	21.7	22.3	22.8	24.5
延庆区	8.4	9.9	12.7	10.4	10.9	11.8	12.1	12.3	12.6
北京经济技术开发区	23.0	28.7	31.0	34.9	32.9	35.2	37.1	37.6	40.6
其　他	8.0	8.2					0.1	0.1	

注：表中"其他"分组指社会保险代办机构。

资料来源：北京市人力资源和社会保障局。

2-26 四次经济普查法人单位基本情况

各 区	法人单位数(个)				资产总计(亿元)			
	2004	2008	2013	2018	2004	2008	2013	2018
全 市	**220947**	**267890**	**630545**	**988619**	**216316.9**	**646673.0**	**1220785.2**	**2119561.6**
东 城 区	18524	18027	38710	44119	20050.4	62829.6	131958.4	321810.1
西 城 区	25040	24472	43087	45638	127595.6	438689.8	739974.3	1216229.0
朝 阳 区	45416	57759	141018	215001	26934.9	44294.2	119208.9	195629.6
丰 台 区	18182	22310	62130	88766	4742.3	9533.6	21462.0	43711.8
石景山区	5327	6235	18672	29856	1149.6	3013.4	8830.9	21622.0
海 淀 区	55164	65767	128917	159040	26735.2	69990.4	140979.8	150902.1
门头沟区	3043	3657	8795	20663	230.0	391.6	1951.7	4703.5
房 山 区	6862	7305	22823	51332	982.0	1506.0	4924.7	9581.9
通 州 区	7390	12604	33809	55685	1108.1	2012.7	7662.1	13992.9
顺 义 区	5643	7923	20450	37492	2094.6	5248.4	14024.5	27087.2
昌 平 区	8246	11546	34342	56695	1363.5	2658.1	9658.9	18866.0
大 兴 区	9721	15544	30829	49079	963.0	1887.9	6354.0	14722.9
怀 柔 区	3509	3991	13845	48177	479.6	648.6	2055.4	5610.4
平 谷 区	2667	3535	9736	30103	265.6	665.1	1993.3	4260.0
密 云 区	2950	3548	13576	32308	492.7	696.8	1994.8	6024.6
延 庆 区	2182	2136	4707	9131	175.6	268.4	951.6	6857.3
北京经济技术开发区	1077	1531	5099	15534	948.5	2338.3	6800.0	19160.1
外 埠	4				5.6			

注：2004年、2008年，东城区数据包括原行政区划的东城区和崇文区，西城区数据包括原行政区划中的西城区和宣武区；2018年，除法人单位数外，其他指标全市数据包括铁路部门数据，各区数据不含，因此全市合计数不等于各区相加之和（下表同）。

2-26 续表1

各　区	年末从业人员(万人)			
	2004	2008	2013	2018
全　　市	**705.2**	**816.9**	**1111.3**	**1361.0**
东 城 区	63.7	65.5	85.7	94.4
西 城 区	98.2	98.0	117.0	119.7
朝 阳 区	129.6	155.2	228.5	294.7
丰 台 区	62.3	79.3	93.4	111.4
石景山区	20.0	19.5	31.2	38.2
海 淀 区	137.2	184.8	242.6	281.8
门头沟区	8.5	8.6	10.4	16.2
房 山 区	24.3	19.3	27.6	36.2
通 州 区	26.0	29.4	40.3	47.7
顺 义 区	29.6	40.5	59.9	70.6
昌 平 区	29.4	29.5	46.5	59.5
大 兴 区	26.6	30.1	43.5	51.8
怀 柔 区	11.3	11.3	16.1	28.0
平 谷 区	10.9	10.2	13.7	22.9
密 云 区	12.8	12.2	16.9	26.4
延 庆 区	6.2	5.9	9.1	10.8
北京经济技术开发区	7.8	17.4	29.1	42.5
外　　埠	1.0			

2-26 续表2

各区	收入总计(亿元)				企业营业收入（亿元）			
	2004	2008	2013	2018	2004	2008	2013	2018
全市	**30942.0**	**66702.8**	**140828.4**	**199152.1**	**28776.3**	**61085.3**	**136698.9**	**183103.4**
东城区	2929.9	5266.6	16964.8	20546.5	2636.9	4475.4	16592.5	19127.0
西城区	7307.5	12345.2	21960.6	31103.8	6889.2	11351.0	21344.2	27899.5
朝阳区	6376.0	13214.0	33007.0	41599.1	6067.0	12393.0	32397.2	39613.8
丰台区	1672.8	3692.2	7136.6	10765.4	1549.3	3319.6	6717.4	9541.0
石景山区	768.5	1588.2	3149.6	5334.0	725.2	1397.6	3088.1	4930.9
海淀区	6509.6	17350.1	30065.7	39884.0	5839.5	15804.6	28673.8	35406.0
门头沟区	112.8	235.9	573.9	1472.8	94.9	194.6	509.6	1311.7
房山区	931.4	1647.5	3095.3	4242.3	892.2	1532.8	3033.3	3903.4
通州区	474.7	1304.1	3061.7	5593.4	437.3	1206.0	2986.2	4921.5
顺义区	1105.1	2912.6	6453.7	8733.2	1065.4	2774.5	6388.4	8357.0
昌平区	858.9	1511.9	4470.6	6717.5	806.2	1358.8	4336.6	6227.8
大兴区	552.5	1134.7	2846.7	4763.1	514.6	1034.9	2735.0	4305.2
怀柔区	222.9	554.2	1164.7	2143.8	205.3	506.4	1133.3	1932.2
平谷区	161.6	382.1	708.1	1315.3	139.6	332.9	671.1	1145.1
密云区	201.4	394.1	889.2	1633.6	180.9	335.5	876.7	1443.3
延庆区	77.1	148.0	281.3	666.3	58.6	110.2	245.3	450.3
北京经济技术开发区	674.0	3021.4	4998.9	11810.0	671.4	2957.4	4970.1	11759.7
外埠	5.4				2.8			

2-26 续表3

各 区	企业利润总额(亿元)			
	2004	2008	2013	2018
全 市	**1989.0**	**5488.1**	**20566.8**	**24842.9**
东城区	133.2	996.0	7777.3	5999.8
西城区	774.5	2071.6	5898.9	9928.7
朝阳区	414.5	1228.9	3448.8	3639.4
丰台区	43.9	181.7	306.1	514.6
石景山区	21.3	25.5	215.8	329.0
海淀区	341.2	553.8	1649.0	2098.5
门头沟区	6.6	17.1	16.8	33.6
房山区	53.1	-29.2	-1.6	59.2
通州区	11.5	29.3	102.3	106.7
顺义区	60.7	16.1	467.7	673.4
昌平区	38.1	59.1	252.3	356.1
大兴区	12.1	21.4	64.3	114.0
怀柔区	6.2	13.8	45.9	40.8
平谷区	5.7	14.6	22.6	-5.5
密云区	6.6	17.7	21.4	-30.4
延庆区	2.1	0.2	18.1	21.0
北京经济技术开发区	57.7	270.3	265.4	606.1
外 埠				

注：2018年企业利润总额数据为企业营业利润口径。

2020
北京区域统计年鉴

第三章

BEIJING AREA
STATISTICAL YEARBOOK

北京各区概览

简要说明

一、本章资料的主要内容

本章各区数据主要涉及国民经济核算、财政、税收、金融、利用外资、产业（农业、工业、建筑业、旅游等）、投资、消费、房地产、人口、资源、环境、科技、教育、文化、卫生、体育、法律、社会保险、社会保障、就业、居民收支、城市公用事业、城市安全等多个领域的主要情况，重点反映主要指标的总量和增速。

二、本章资料的数据来源

各区数据主要来源于三个方面：

一是来源于北京市统计局，主要包括国民经济核算、产业、投资、消费、房地产、常住人口、能源消费等指标。

二是来源于国家统计局北京调查总队，主要包括城乡居民收入支出等指标。

三是来源于市政府相关委办局，主要包括户籍人口、土地、财政、税收、金融、利用外资、教育、文化、卫生、体育、城市公用事业、环境、专利、社会保险、社会保障、城市安全、资源、环境等方面指标，分别由市公安局、市规划自然资源委、市财政局、国家税务总局北京市税务局、中国人民银行营管部、市商务局、市教委、市文物局、市文化和旅游局、市档案局、市卫生健康委、市体育局、市交通委、市人力社保局、市水务局、市城市管理委、市生态环境局、市园林绿化局、市应急管理局、市知识产权局、市技术市场管理办公室和市司法局等部门提供。具体来源见表下的说明。

三、本章有关数据说明

2018 年数据为北京市第四次全国经济普查数据；2019 年地区生产总值数据为初步核算数据。

3-1 土地利用状况(2018年)

单位:公顷

各 区	耕 地	园 地	林 地	草 地	城镇村及工矿用地	交通运输用地	水域及水利设施用地
全 市	**212840.6**	**132531.1**	**746634.1**	**84323.7**	**303247.3**	**48526.7**	**76291.4**
东城区					4182.0		
西城区					5033.1		
朝阳区	2395.4	647.2	4318.3	11.8	33226.5	2263.9	1913.3
丰台区	2057.9	720.7	4480.8	69.0	19029.7	2743.4	1223.2
石景山区	53.1	65.3	2351.7	6.4	5395.9	224.6	307.8
海淀区	2031.7	2401.2	10464.9	39.2	24334.1	1608.4	1633.0
门头沟区	873.1	5099.8	100478.5	22963.8	8204.8	1497.9	1453.6
房山区	24546.5	15612.6	61446.0	45430.6	30897.6	5243.8	6720.3
通州区	32646.0	3342.9	8306.0	99.0	30441.1	4992.8	8347.1
顺义区	32194.8	4810.5	16695.2	1688.8	28698.2	7268.8	7542.9
昌平区	10330.3	12266.7	65064.5	1288.9	33963.4	5221.0	4045.2
大兴区	39161.5	7382.6	8688.5	248.0	34639.7	4844.6	5552.8
怀柔区	9889.8	17515.7	163088.5	1569.4	10555.0	2948.0	4809.0
平谷区	11613.4	23205.1	35102.5	6053.4	10591.8	2630.7	3995.2
密云区	17058.2	29051.7	130713.0	2241.8	14012.9	3322.6	22354.1
延庆区	27989.2	10409.0	135435.6	2613.5	10041.4	3716.3	6393.9

资料来源：北京市规划和自然资源委员会。

3-2 行政区划(2019年)

单位：个

各 区	街道办事处	建制镇	建制乡	社区居委会	村民委员会
全 市	**152**	**143**	**38**	**3231**	**3891**
东城区	17			177	
西城区	15			259	
朝阳区	24		19	492	144
丰台区	16	2	3	337	57
石景山区	9			150	
海淀区	22	7		581	67
门头沟区	4	9		123	178
房山区	8	14	6	160	459
通州区	6	10	1	130	470
顺义区	6	19		135	426
昌平区	8	14		238	301
大兴区	8	14		233	527
怀柔区	2	12	2	35	284
平谷区	2	14	2	41	272
密云区	2	17	1	93	330
延庆区	3	11	4	47	376

资料来源：中共北京市委社会工作委员会北京市民政局。

3-3 规模（限额）以上法人单位情况(2019年)

单位：个

各　区	法人单位数合计	#企业法人
全　市	**46505**	**42232**
东城区	3238	2718
西城区	3895	3111
朝阳区	12126	11556
丰台区	3018	2734
石景山区	1195	1076
海淀区	9947	9124
门头沟区	528	449
房山区	1274	1165
通州区	1643	1482
顺义区	2340	2164
昌平区	2086	1911
大兴区	1390	1251
怀柔区	909	831
平谷区	720	651
密云区	788	700
延庆区	367	286
北京经济技术开发区	1041	1023

3-4 常住人口、外来人口及人口密度

各区	常住人口(万人)		#常住外来人口		常住人口密度(人/平方公里)	
	2019	2018	2019	2018	2019	2018
全市	**2153.6**	**2154.2**	**745.6**	**764.6**	**1312**	**1313**
东城区	79.4	82.2	15.4	16.5	18968	19637
西城区	113.7	117.9	21.0	22.3	22501	23333
朝阳区	347.3	360.5	149.1	157.9	7632	7922
丰台区	202.5	210.5	64.1	69.8	6622	6884
石景山区	57.0	59.0	13.7	15.2	6760	6997
海淀区	323.7	335.8	123.7	123.4	7515	7796
门头沟区	34.4	33.1	5.7	5.2	237	228
房山区	125.5	118.8	30.8	30.6	631	597
通州区	167.5	157.8	64.6	65.7	1848	1741
顺义区	122.8	116.9	48.0	46.7	1204	1146
昌平区	216.6	210.8	105.1	106.7	1612	1569
大兴区	188.8	179.6	77.1	76.5	1822	1733
怀柔区	42.2	41.4	10.2	10.3	199	195
平谷区	46.2	45.6	4.7	5.1	486	480
密云区	50.3	49.5	7.9	7.9	226	222
延庆区	35.7	34.8	4.5	4.8	179	175

注：表内常住人口数据根据人口抽样调查数据推算，为年末数（下同）。

3-5 常住人口(按城乡分)

单位：万人

各区	常住人口		城镇人口		乡村人口	
	2019	2018	2019	2018	2019	2018
全　　市	**2153.6**	**2154.2**	**1865.0**	**1863.4**	**288.6**	**290.8**
东 城 区	79.4	82.2	79.4	82.2		
西 城 区	113.7	117.9	113.7	117.9		
朝 阳 区	347.3	360.5	347.0	360.1	0.3	0.4
丰 台 区	202.5	210.5	202.1	210.1	0.4	0.4
石景山区	57.0	59.0	57.0	59.0		
海 淀 区	323.7	335.8	320.3	331.8	3.4	4.0
门头沟区	34.4	33.1	30.8	29.5	3.6	3.6
房 山 区	125.5	118.8	94.4	88.6	31.1	30.2
通 州 区	167.5	157.8	118.0	106.7	49.5	51.1
顺 义 区	122.8	116.9	71.0	66.0	51.8	50.9
昌 平 区	216.6	210.8	182.4	175.1	34.2	35.7
大 兴 区	188.8	179.6	139.9	131.3	48.9	48.3
怀 柔 区	42.2	41.4	30.1	29.0	12.1	12.4
平 谷 区	46.2	45.6	27.1	26.4	19.1	19.2
密 云 区	50.3	49.5	30.5	29.4	19.8	20.1
延 庆 区	35.7	34.8	21.3	20.3	14.4	14.5

3-6 常住人口(按性别分)

单位：万人

各 区	常住人口		男		女	
	2019	2018	2019	2018	2019	2018
全　市	**2153.6**	**2154.2**	**1094.0**	**1095.6**	**1059.6**	**1058.6**
东 城 区	79.4	82.2	38.1	39.5	41.3	42.7
西 城 区	113.7	117.9	54.9	56.6	58.8	61.3
朝 阳 区	347.3	360.5	174.4	182.0	172.9	178.5
丰 台 区	202.5	210.5	101.8	106.2	100.7	104.3
石景山区	57.0	59.0	28.4	29.6	28.6	29.4
海 淀 区	323.7	335.8	164.9	171.6	158.8	164.2
门头沟区	34.4	33.1	17.3	16.6	17.1	16.5
房 山 区	125.5	118.8	63.7	60.2	61.8	58.6
通 州 区	167.5	157.8	86.4	81.5	81.1	76.3
顺 义 区	122.8	116.9	63.5	60.2	59.3	56.7
昌 平 区	216.6	210.8	114.0	110.9	102.6	99.9
大 兴 区	188.8	179.6	97.8	93.5	91.0	86.1
怀 柔 区	42.2	41.4	21.7	21.2	20.5	20.2
平 谷 区	46.2	45.6	23.4	23.1	22.8	22.5
密 云 区	50.3	49.5	25.6	25.2	24.7	24.3
延 庆 区	35.7	34.8	18.1	17.7	17.6	17.1

3-7 常住人口(按年龄分)

单位：万人

各区	常住人口		0—14岁		15—64岁		65岁及以上	
	2019	2018	2019	2018	2019	2018	2019	2018
全市	**2153.6**	**2154.2**	**226.7**	**226.6**	**1680.9**	**1686.2**	**246.0**	**241.4**
东城区	79.4	82.2	8.1	8.3	57.8	60.1	13.5	13.8
西城区	113.7	117.9	13.9	14.3	80.5	83.9	19.3	19.7
朝阳区	347.3	360.5	32.9	33.7	272.4	284.0	42.0	42.8
丰台区	202.5	210.5	19.4	20.0	159.4	166.1	23.7	24.4
石景山区	57.0	59.0	5.2	5.4	45.2	47.0	6.6	6.6
海淀区	323.7	335.8	32.6	33.5	251.7	261.8	39.4	40.5
门头沟区	34.4	33.1	3.8	3.6	25.8	24.9	4.8	4.6
房山区	125.5	118.8	13.9	13.1	95.5	91.4	16.1	14.3
通州区	167.5	157.8	15.7	15.1	137.6	129.8	14.2	12.9
顺义区	122.8	116.9	14.5	14.1	99.1	94.5	9.2	8.3
昌平区	216.6	210.8	24.7	23.9	173.9	169.9	18.0	17.0
大兴区	188.8	179.6	21.7	21.2	151.4	143.9	15.7	14.5
怀柔区	42.2	41.4	4.7	5.2	32.1	31.6	5.4	4.6
平谷区	46.2	45.6	5.7	5.6	33.9	33.6	6.6	6.4
密云区	50.3	49.5	5.9	5.8	37.5	37.1	6.9	6.6
延庆区	35.7	34.8	4.0	3.8	27.1	26.6	4.6	4.4

3-8 户籍人口户数

单位：万户

各　区	2019	2018
全　市	**554.4**	**548.8**
东 城 区	35.0	34.7
西 城 区	50.0	49.3
朝 阳 区	85.0	84.4
丰 台 区	48.8	48.3
石景山区	15.2	15.1
海 淀 区	74.9	74.3
门头沟区	12.3	12.1
房 山 区	39.8	39.4
通 州 区	40.2	39.7
顺 义 区	28.2	27.9
昌 平 区	29.1	28.5
大 兴 区	29.3	28.8
怀 柔 区	13.9	13.8
平 谷 区	17.6	17.5
密 云 区	20.7	20.7
延 庆 区	14.5	14.4

资料来源：北京市公安局。

3-9 户籍人口数

单位：万人

各　区	2019	男	女	2018
全　市	**1397.4**	**694.7**	**702.7**	**1375.8**
东 城 区	98.8	48.4	50.5	97.4
西 城 区	150.4	74.2	76.2	146.5
朝 阳 区	214.9	106.5	108.4	211.7
丰 台 区	116.6	58.5	58.2	115.0
石景山区	39.0	19.8	19.2	38.6
海 淀 区	241.1	119.9	121.2	238.8
门头沟区	25.4	12.9	12.6	25.1
房 山 区	84.1	42.0	42.0	83.0
通 州 区	80.8	40.0	40.8	78.7
顺 义 区	65.5	32.4	33.1	64.5
昌 平 区	65.0	32.5	32.5	63.5
大 兴 区	73.4	36.4	37.0	71.6
怀 柔 区	28.7	14.3	14.4	28.5
平 谷 区	40.9	20.6	20.3	40.6
密 云 区	44.1	21.9	22.1	43.8
延 庆 区	28.9	14.5	14.4	28.7

注：户籍人口是指公民依照《中华人民共和国户口登记条例》已在其经常居住地的公安户籍管理机关登记了常住户口的人。
资料来源：北京市公安局。

3-10 户籍人口机械变动情况

单位：人

各区	市外迁入人数		迁往市外人数		机械增加人数	
	2019	2018	2019	2018	2019	2018
全市	**190152**	**194206**	**77882**	**83713**	**112270**	**110493**
东城区	7683	6687	1113	1262	6570	5425
西城区	15661	13226	2952	3242	12709	9984
朝阳区	36066	30223	12635	13444	23431	16779
丰台区	12809	10570	2268	2570	10541	8000
石景山区	4592	5143	827	929	3765	4214
海淀区	77139	92955	49648	52960	27491	39995
门头沟区	1198	985	105	132	1093	853
房山区	3996	4656	591	505	3405	4151
通州区	5833	4841	480	700	5353	4141
顺义区	3403	2808	527	625	2876	2183
昌平区	10635	11806	4819	4849	5816	6957
大兴区	6764	6398	1266	1557	5498	4841
怀柔区	1090	956	125	153	965	803
平谷区	933	942	181	355	752	587
密云区	1285	1082	216	305	1069	777
延庆区	1065	928	129	125	936	803

资料来源：北京市公安局。

3-11 户籍人口自然变动情况

单位：人

各　区	出生人数		死亡人数		自然增加人数	
	2019	2018	2019	2018	2019	2018
全　市	**153133**	**156625**	**49152**	**100698**	**103981**	**55927**
东城区	8759	8456	7414	2531	1345	5925
西城区	14282	14692	6576	9979	7706	4713
朝阳区	22722	23128	4740	19501	17982	3627
丰台区	11622	11821	3199	10711	8423	1110
石景山区	3827	3843	1042	3482	2785	361
海淀区	21432	23007	3615	14145	17817	8862
门头沟区	2507	2434	889	2196	1618	238
房山区	10996	11111	3708	6534	7288	4577
通州区	11595	11606	3327	5950	8268	5656
顺义区	8852	8720	2926	4900	5926	3820
昌平区	8728	8954	1939	4577	6789	4377
大兴区	11635	12261	2236	4583	9399	7678
怀柔区	3178	3253	1355	2446	1823	807
平谷区	4955	5187	2328	3382	2627	1805
密云区	4677	4675	2407	3506	2270	1169
延庆区	3366	3477	1451	2275	1915	1202

资料来源：北京市公安局。

3-12 城镇单位从业人员年末人数、工资总额

各 区	从业人员年末人数(人)			从业人员工资总额(亿元)		
	2019	2018	增长速度(%)	2019	2018	增长速度(%)
全 市	**7912978**	**8193019**	**-3.4**	**13193.2**	**12080.9**	**9.2**
东城区	655721	703743	-6.8	1158.3	1091.5	6.1
西城区	950347	1051198	-9.6	2062.3	1950.0	5.8
朝阳区	1533013	1598169	-4.1	2704.0	2459.1	10.0
丰台区	654276	643847	1.6	793.5	711.0	11.6
石景山区	207861	204078	1.9	346.6	282.9	22.5
海淀区	1873954	1936928	-3.3	3436.2	3182.1	8.0
门头沟区	50079	49189	1.8	72.6	63.7	14.0
房山区	186036	157556	18.1	190.9	168.1	13.6
通州区	203574	220236	-7.6	257.7	232.8	10.7
顺义区	441394	441806	-0.1	647.7	577.4	12.2
昌平区	273118	298637	-8.5	381.9	362.1	5.5
大兴区	526219	523463	0.5	730.5	642.5	13.7
怀柔区	95927	92774	3.4	125.0	108.5	15.2
平谷区	106195	105899	0.3	109.8	95.3	15.2
密云区	93571	96118	-2.6	114.2	97.2	17.5
延庆区	61693	69378	-11.1	62.0	56.7	9.3

注：城镇单位是指不包括私营单位和个体工商户的独立核算法人单位（下同）。

3-13 城镇单位在岗职工年末人数、工资总额、平均工资

各区	在岗职工年末人数(人)			在岗职工工资总额(亿元)			在岗职工平均工资(元)		
	2019	2018	增长速度(%)	2019	2018	增长速度(%)	2019	2018	增长速度(%)
全 市	**7277700**	**7620907**	**-4.5**	**12627.3**	**11562.8**	**9.2**	**173205**	**149843**	**15.6**
东城区	564549	601991	-6.2	1103.2	1019.8	8.2	194572	169504	14.8
西城区	861125	948126	-9.2	1969.9	1857.9	6.0	227432	197147	15.4
朝阳区	1412795	1494714	-5.5	2512.3	2295.4	9.4	176838	151037	17.1
丰台区	633461	620172	2.1	778.2	692.1	12.4	123196	110041	12.0
石景山区	192521	188386	2.2	333.8	270.6	23.4	173589	142794	21.6
海淀区	1740046	1830699	-5.0	3336.8	3100.2	7.6	192456	165650	16.2
门头沟区	46805	46022	1.7	70.3	61.9	13.6	146536	132674	10.4
房山区	138856	152851	-9.2	173.0	165.7	4.3	123035	107484	14.5
通州区	193606	213687	-9.4	250.7	228.1	9.9	129798	107078	21.2
顺义区	413983	417274	-0.8	618.9	548.3	12.9	148902	129994	14.5
昌平区	259750	284500	-8.7	370.3	351.3	5.4	142968	121431	17.7
大兴区	487181	481589	1.2	710.3	624.8	13.7	146166	127692	14.5
怀柔区	92284	88238	4.6	121.9	105.2	15.9	130674	117835	10.9
平谷区	96796	97863	-1.1	105.9	91.7	15.5	109333	91306	19.7
密云区	84713	88214	-4.0	111.1	94.3	17.8	129755	102440	26.7
延庆区	59229	66581	-11.0	60.7	55.5	9.4	99964	83112	20.3

3-14　年末实有登记失业人员

单位：人

各　区	2019	2018
全　市	**93457**	**102355**
东 城 区	4530	4671
西 城 区	5756	6890
朝 阳 区	7389	7446
丰 台 区	7851	8745
石景山区	3613	4119
海 淀 区	10597	11111
门头沟区	2957	3519
房 山 区	6226	7180
通 州 区	15660	16787
顺 义 区	3337	3988
昌 平 区	5591	5895
大 兴 区	10101	11380
怀 柔 区	2215	2694
平 谷 区	2825	2665
密 云 区	2443	2568
延 庆 区	2341	2665
北京经济技术开发区	25	32

资料来源：北京市人力资源和社会保障局。

3-15　地区生产总值

单位：万元

各区	地区生产总值			第一产业		
	2019	2018	增长速度(%)	2019	2018	增长速度(%)
全　市	**353712800**	**331059700**	**6.1**	**1136900**	**1205600**	**-2.5**
东城区	29103911	27270511	6.0			
西城区	50073300	46922792	6.1			
朝阳区	71163724	66682365	6.1	31220	20866	49.5
丰台区	18296196	17109040	6.3	8811	9044	-2.9
石景山区	8064476	7488058	6.9			
海淀区	79259646	73690502	7.0	16153	16370	-1.9
门头沟区	2492543	2323867	6.0	30915	33341	-7.3
房山区	8109063	7669555	5.4	138865	137162	-0.3
通州区	10592278	9867017	6.6	125494	161397	-23.8
顺义区	19928950	18759519	6.0	166100	175609	-9.2
昌平区	10718192	9979330	6.6	89021	76848	12.2
大兴区	9075500	8466223	6.5	120817	137868	-13.0
怀柔区	3998605	3749614	5.9	64449	67644	-4.9
平谷区	2934891	2762993	4.7	131728	156114	-18.1
密云区	3409331	3174983	6.3	136377	135670	-1.3
延庆区	1952859	1792535	7.1	74073	77667	-7.2
北京经济技术开发区	19328378	17935103	8.9			

注：1. 本表行业划分执行《国民经济行业分类》（GB/T 4754-2017）标准（下表同）。
2. 表中增长速度按可比价格计算。
3. 地区生产总值各区合计数不等于全市是由于各区的数据中扣除了划归市一级核算部分。

3-15 续表1

单位：万元

各区	第二产业			第三产业		
	2019	2018	增长速度(%)	2019	2018	增长速度(%)
全　　市	**57150600**	**54773500**	**4.5**	**295425300**	**275080600**	**6.4**
东城区	874959	878547	-0.6	28228952	26391964	6.2
西城区	2788059	2774481	0.1	47285241	44148311	6.5
朝阳区	4965195	4886516	0.9	66167309	61774983	6.5
丰台区	2717338	2637464	2.4	15570047	14462532	7.0
石景山区	1349125	1239606	7.7	6715351	6248452	6.8
海淀区	7071697	6741709	5.8	72171796	66932423	7.1
门头沟区	671611	682832	-2.1	1790017	1607694	9.8
房山区	3529850	3627431	-1.9	4440348	3904962	12.4
通州区	4221056	3843990	8.8	6245728	5861630	5.9
顺义区	5767053	5995759	-3.7	13995797	12588151	10.9
昌平区	3250786	3179775	3.1	7378385	6722707	8.3
大兴区	2771752	2681109	3.2	6182931	5647246	8.5
怀柔区	1638864	1570972	3.7	2295292	2110998	7.8
平谷区	770869	749133	2.3	2032294	1857746	7.6
密云区	1018689	971262	3.9	2254265	2068051	7.9
延庆区	509725	461312	10.0	1369061	1253556	6.9
北京经济技术开发区	12587976	11851398	8.1	6740402	6083705	10.4

3-15 续表2

单位：万元

各区	地区生产总值按行业分					
	农林牧渔业			工业		
	2019	2018	增长速度(%)	2019	2018	增长速度(%)
全市	**1162000**	**1225600**	**-2.5**	**42411000**	**41399000**	**3.0**
东城区				391725	408244	-3.3
西城区				1857545	1879764	-1.2
朝阳区	32137	21664	48.2	2859614	2826705	0.6
丰台区	8833	9416	-6.5	1082789	1063233	1.8
石景山区				458221	436315	3.9
海淀区	17922	18194	-2.2	5123462	4906951	6.1
门头沟区	31359	33516	-6.5	391735	432845	-9.5
房山区	140104	140192	-1.6	2931875	3025826	-2.0
通州区	125989	163644	-24.5	2133577	2124317	-0.5
顺义区	169512	179717	-9.4	5307418	5618033	-5.8
昌平区	93187	78485	15.1	2737494	2697735	2.7
大兴区	121942	139854	-13.5	1919027	1908846	0.7
怀柔区	65132	67819	-4.1	1257411	1289157	-3.0
平谷区	138941	156755	-13.9	519017	529557	-2.4
密云区	138044	137498	-1.4	615272	608193	0.2
延庆区	75987	78846	-6.2	225312	207280	8.9
北京经济技术开发区				12126224	11435795	8.0

3-15　续表3

单位：万元

各　区	地区生产总值按行业分					
	建筑业			批发和零售业		
	2019	2018	增长速度(%)	2019	2018	增长速度(%)
全　　市	**15136700**	**13877500**	**8.0**	**28568900**	**28241200**	**1.6**
东 城 区	483662	470733	1.7	3066893	2921297	5.4
西 城 区	931390	895588	3.0	2896315	2983859	-2.5
朝 阳 区	2114062	2068143	1.2	11185445	10868942	4.0
丰 台 区	1642521	1581945	2.8	1579184	1533874	3.3
石景山区	868572	782427	9.9	449576	444342	1.4
海 淀 区	1959506	1845486	5.1	3717490	3693096	1.0
门头沟区	283698	253851	10.7	155689	153252	1.9
房 山 区	631937	636173	-1.6	346628	343433	1.2
通 州 区	2095156	1726651	20.1	717476	692330	3.9
顺 义 区	891473	795414	11.0	712448	690831	3.5
昌 平 区	524719	493076	5.4	418145	432392	-3.1
大 兴 区	861264	780497	9.3	514264	535146	-3.6
怀 柔 区	383463	283739	33.8	98336	99266	-0.8
平 谷 区	252545	220249	13.5	189101	189699	…
密 云 区	405111	364682	10.0	169173	168952	0.4
延 庆 区	284666	254261	10.9	124043	120750	2.8
北京经济技术开发区	471375	424585	9.9	2501236	2369739	6.0

3-15 续表4

单位：万元

各 区	地区生产总值按行业分					
	交通运输、仓储和邮政业			住宿和餐饮业		
	2019	2018	增长速度(%)	2019	2018	增长速度(%)
全　市	**10253300**	**10159200**	**2.2**	**5403600**	**5152900**	**0.3**
东城区	201913	196338	4.1	789293	775732	-2.7
西城区	765571	750921	3.2	596099	558438	2.1
朝阳区	1191400	1195828	0.9	1473235	1396808	0.9
丰台区	844796	812758	5.3	377384	355910	1.5
石景山区	34390	36534	-4.7	84802	79273	2.4
海淀区	1117056	1037527	9.0	767566	728498	0.7
门头沟区	15882	7122	125.8	98472	91841	2.7
房山区	51956	53025	-0.8	129000	122107	1.2
通州区	109899	117756	-5.5	141233	131335	3.0
顺义区	5035156	4862520	4.9	197469	184842	2.3
昌平区	75438	75673	0.9	219402	210839	-0.4
大兴区	201523	207222	-1.5	84033	78832	2.0
怀柔区	63597	64491	-0.1	68941	65216	1.0
平谷区	101787	96682	6.6	74604	69702	2.4
密云区	76847	75137	3.6	60245	59366	-2.9
延庆区	21165	19104	12.2	69441	63667	4.4
北京经济技术开发区	386511	353541	10.7	195126	180494	3.6

3-15 续表5

单位：万元

各区	地区生产总值按行业分					
	信息传输、软件和信息技术服务业			金融业		
	2019	2018	增长速度(%)	2019	2018	增长速度(%)
全市	**47839200**	**42900900**	**11.9**	**65447700**	**59513400**	**9.5**
东城区	3171550	3041895	4.7	7697704	7160898	8.4
西城区	1897845	1866634	2.1	25006203	22492361	11.1
朝阳区	7675619	6708087	14.9	10890102	10085038	7.5
丰台区	1072372	1021155	5.4	2151872	2007061	6.8
石景山区	1782728	1690252	4.8	1628002	1324650	22.4
海淀区	27187194	24350245	12.6	8588153	8217642	4.1
门头沟区	61283	60756	1.2	202845	180283	12.0
房山区	150305	147588	2.2	479122	342613	39.2
通州区	89776	85050	6.0	747952	670202	11.1
顺义区	546166	485586	12.9	2880075	1760651	62.9
昌平区	533259	487870	9.7	697440	614819	13.0
大兴区	224519	206827	9.0	840145	687195	21.7
怀柔区	252443	246079	3.0	181708	164709	9.8
平谷区	28770	40618	-28.9	142651	137726	3.1
密云区	48200	50438	-4.1	163460	152572	6.7
延庆区	35112	35257	…	107713	102588	4.5
北京经济技术开发区	1011331	870885	16.6	506910	419625	20.3

3-15 续表6

单位：万元

各区	地区生产总值按行业分					
	房地产业			租赁与商务服务业		
	2019	2018	增长速度(%)	2019	2018	增长速度(%)
全市	**26207900**	**24815400**	**6.9**	**25839200**	**24209700**	**1.2**
东城区	1809196	1586153	14.6	2760496	2620313	-0.1
西城区	2344856	2245718	9.0	3078846	2836771	2.9
朝阳区	8047495	6636825	21.9	11525853	11310555	-0.1
丰台区	2602260	2017304	32.7	1659286	1510425	4.2
石景山区	566632	525499	12.5	295706	249745	12.3
海淀区	3323659	3167213	5.5	2704256	2425866	5.7
门头沟区	347562	326445	8.2	49317	43218	8.2
房山区	1158569	936366	25.0	249649	225949	4.8
通州区	1282757	1230272	5.3	346527	285272	15.2
顺义区	1353285	1340128	1.9	864547	791129	5.5
昌平区	1305660	1375593	-4.3	630194	601279	-0.6
大兴区	1172263	1086465	10.8	509088	435131	9.0
怀柔区	254402	229875	11.3	221809	216545	-2.9
平谷区	290402	276624	6.0	129966	118567	4.0
密云区	617906	419794	50.5	82824	92261	-14.9
延庆区	133588	111023	21.3	107333	81709	24.6
北京经济技术开发区	587556	584080	1.4	567231	364965	49.6

3-15 续表7

单位：万元

各区	地区生产总值按行业分					
	科学研究和技术服务业			水利、环境和公共设施管理业		
	2019	2018	增长速度(%)	2019	2018	增长速度(%)
全　市	**28263900**	**25783100**	**7.5**	**3277800**	**2869700**	**2.6**
东城区	2873769	2641904	5.0	149025	128538	4.1
西城区	2534052	2470674	0.6	456944	408746	0.4
朝阳区	5150275	4965095	1.7	601187	521169	3.6
丰台区	2054281	2027460	…	220192	195959	0.9
石景山区	426487	439910	-5.0	61464	64341	-14.2
海淀区	10768077	10088352	4.6	617599	542101	2.3
门头沟区	94064	79981	15.3	36872	28881	14.6
房山区	331119	266866	21.6	81942	71677	2.6
通州区	243899	225015	6.3	138684	123580	0.8
顺义区	413536	436445	-7.1	98801	93860	-5.5
昌平区	1050697	852018	22.4	163380	142868	2.7
大兴区	421773	375662	10.1	145830	120198	8.9
怀柔区	159501	147296	6.2	82713	69471	6.9
平谷区	90961	84660	5.3	43642	32846	19.3
密云区	77390	85516	-11.3	234516	211839	-0.1
延庆区	38620	37815	0.1	111474	86418	15.8
北京经济技术开发区	573558	558431	0.7	33752	27208	11.4

3-15　续表8

单位：万元

各　区	地区生产总值按行业分					
	居民服务、修理和其他服务业			教 育		
	2019	2018	增长速度(%)	2019	2018	增长速度(%)
全　市	**2336500**	**2208000**	**4.3**	**17688800**	**16033700**	**5.9**
东城区	128657	138511	-8.4	912266	797600	9.8
西城区	177478	172197	1.6	1129866	1079097	0.5
朝阳区	569894	516017	8.9	2589575	2426711	2.4
丰台区	245697	240516	0.7	642579	632612	-2.5
石景山区	108067	105198	1.3	476608	475927	-3.9
海淀区	330155	311370	4.5	7166694	6699394	2.7
门头沟区	43447	40828	4.9	176487	139207	11.8
房山区	75825	55763	34.0	446841	408990	1.3
通州区	121839	92427	29.9	595828	549783	4.0
顺义区	116917	118320	-2.6	484008	491940	-5.6
昌平区	109562	94847	13.9	1042789	839439	19.2
大兴区	106568	103232	1.8	768133	663675	11.1
怀柔区	54248	49515	8.0	221867	187298	13.7
平谷区	56724	58741	-4.8	237783	213209	7.1
密云区	49209	51697	-6.2	210909	205785	-1.6
延庆区	25319	23341	6.9	172340	162881	1.6
北京经济技术开发区	39975	35480	11.1	64866	60152	3.5

3-15 续表9

单位：万元

各区	地区生产总值按行业分								
	卫生和社会工作			文化、体育和娱乐业			公共管理、社会保障和社会组织		
	2019	2018	增长速度(%)	2019	2018	增长速度(%)	2019	2018	增长速度(%)
全　市	**10252200**	**9380500**	**6.5**	**7457400**	**7281100**	**4.4**	**16166700**	**16008800**	**2.6**
东城区	1362830	1251077	6.1	1268232	1128605	14.5	2036700	2002673	3.3
西城区	1812482	1719149	2.7	1284765	1204586	8.7	3303043	3358289	-2.1
朝阳区	2022032	1897859	3.8	1249251	1270896	0.2	1986548	1966023	2.7
丰台区	748978	722287	1.0	357520	356981	2.1	1005652	1020144	0.1
石景山区	264609	269744	-4.4	202643	178312	15.8	355969	385589	-6.2
海淀区	1398605	1306782	4.3	2651152	2589841	4.3	1821100	1761944	5.0
门头沟区	126063	105969	15.9	47975	42452	15.2	329793	303420	10.4
房山区	255401	238383	4.4	40891	32353	28.8	607899	622251	-0.8
通州区	433333	408131	3.4	52058	48155	10.2	1216295	1193097	4.5
顺义区	254478	266049	-6.8	58013	49433	19.6	545648	594621	-6.8
昌平区	497842	396849	22.2	87489	84445	5.6	531495	501103	7.8
大兴区	299522	281787	3.6	58369	61254	-2.9	827237	794400	5.8
怀柔区	137612	116075	15.5	122841	130841	-4.3	372581	322222	20.4
平谷区	174408	149105	14.0	52384	25651	108.1	411205	362602	11.6
密云区	129985	129269	-2.0	24788	24873	1.6	305452	337111	-7.9
延庆区	87216	77931	9.0	25382	27275	-5.2	308148	302389	2.0
北京经济技术开发区	48706	44054	7.7	25233	25147	2.2	188788	180922	6.0

3-16 一般公共预算收入

单位：万元

各区	2019	2018	增长速度(%)	#税收收入					
				2019	2018	增长速度(%)	#增值税		
							2019	2018	增长速度(%)
全　市	**58170994**	**57859176**	**0.5**	**48229802**	**49888302**	**-3.3**	**18208980**	**18014341**	**1.1**
东城区	1897029	1756221	8.0	1708553	1581766	8.0	542887	520000	4.4
西城区	4311129	4308469	0.1	4055955	4063695	-0.2	1481066	1434106	3.3
朝阳区	5355490	5336837	0.3	4852073	4822266	0.6	1622749	1692374	-4.1
丰台区	1277013	1216034	5.0	1136741	1047354	8.5	413832	410934	0.7
石景山区	634257	621373	2.1	547343	534487	2.4	260503	241392	7.9
海淀区	4465006	4460066	0.1	3921789	3924700	-0.1	1554876	1543291	0.8
门头沟区	336481	315761	6.6	216333	244284	-11.4	99785	99341	0.4
房山区	700615	646540	8.4	450029	477320	-5.7	213125	227945	-6.5
通州区	887278	830715	6.8	673256	656888	2.5	284427	271576	4.7
顺义区	1657014	1593016	4.0	1244278	1256256	-1.0	614192	574937	6.8
昌平区	1055717	949900	11.1	766390	808878	-5.3	286786	299610	-4.3
大兴区	1025124	923531	11.0	612283	610348	0.3	236634	255108	-7.2
怀柔区	431062	404778	6.5	296629	300064	-1.1	121867	144518	-15.7
平谷区	242172	300523	-19.4	166183	203328	-18.3	84886	101533	-16.4
密云区	374560	362976	3.2	267123	286916	-6.9	114997	108938	5.6
延庆区	214461	191670	11.9	133216	129946	2.5	43298	44362	-2.4

注：各区财政收入为区级财政收入，故表中分区数据之和不等于全市合计。
资料来源：北京市财政局。

3-16 续表

单位：万元

各 区	#企业所得税			#土地增值税			#房产税		
	2019	2018	增长速度(%)	2019	2018	增长速度(%)	2019	2018	增长速度(%)
全 市	**12285300**	**12877443**	**-4.6**	**2253701**	**2091273**	**7.8**	**3544280**	**2995218**	**18.3**
东城区	497025	513110	-3.1	126973	24816	411.7	299701	281856	6.3
西城区	1517226	1517974	…	78722	138772	-43.3	470472	436402	7.8
朝阳区	1262586	1262654	…	287430	205993	39.5	1010719	977824	3.4
丰台区	264122	225089	17.3	93415	67427	38.5	181552	165640	9.6
石景山区	105957	111923	-5.3	26410	36424	-27.5	48833	44544	9.6
海淀区	990166	1130707	-12.4	116571	72206	61.4	558199	477259	17.0
门头沟区	50111	53662	-6.6	16579	43436	-61.8	10555	9427	12.0
房山区	50634	48719	3.9	40571	50079	-19.0	37008	32207	14.9
通州区	118982	118744	0.2	57144	80762	-29.2	81203	68160	19.1
顺义区	237609	283167	-16.1	69487	77514	-10.4	150433	143340	4.9
昌平区	180205	204485	-11.9	42908	54464	-21.2	112853	110483	2.1
大兴区	87148	105138	-17.1	95176	76429	24.5	87937	76993	14.2
怀柔区	76244	57059	33.6	6070	21090	-71.2	26842	21883	22.7
平谷区	26617	32193	-17.3	11342	22330	-49.2	11508	12005	-4.1
密云区	49192	50330	-2.3	28483	53416	-46.7	25885	27731	-6.7
延庆区	57335	60246	-4.8	2057	1437	43.1	10158	6525	55.7

3-17 一般公共预算支出

单位：万元

各 区	2019	2018	增长速度(%)	一般公共预算支出中 #一般公共服务 2019	2018	增长速度(%)
全 市	**74081876**	**74714332**	**-0.8**	**4994297**	**5124003**	**-2.5**
东城区	2593171	2515731	3.1	216013	291406	-25.9
西城区	4278012	4297074	-0.4	438706	298020	47.2
朝阳区	6580076	5632186	16.8	219506	227195	-3.4
丰台区	2527027	2477544	2.0	327376	268357	22.0
石景山区	1170278	1245731	-6.1	111915	107988	3.6
海淀区	6970253	6593246	5.7	404763	453916	-10.8
门头沟区	1109059	1063385	4.3	122123	105339	15.9
房山区	2494048	2587255	-3.6	259785	245340	5.9
通州区	3598016	4054044	-11.2	240699	206270	16.7
顺义区	3058742	3150116	-2.9	334396	277356	20.6
昌平区	2232943	1920285	16.3	195826	192762	1.6
大兴区	2563258	2599185	-1.4	248809	202196	23.1
怀柔区	1472445	1533677	-4.0	161450	144353	11.8
平谷区	1270621	1323096	-4.0	138304	128283	7.8
密云区	1636764	1806818	-9.4	183699	160292	14.6
延庆区	1283115	1401207	-8.4	138600	122126	13.5

注：各区财政支出为区级财政支出，故表中分区数据之和不等于全市合计。

资料来源：北京市财政局。

3-17 续表1

单位：万元

各区	一般公共预算支出中					
	#社会保障和就业			#科学技术		
	2019	2018	增长速度(%)	2019	2018	增长速度(%)
全市	**9729767**	**8356530**	**16.4**	**4334167**	**4258712**	**1.8**
东城区	345130	341544	1.0	13668	11905	14.8
西城区	675264	628183	7.5	32441	33437	-3.0
朝阳区	2180469	1575810	38.4	129120	117687	9.7
丰台区	597311	662452	-9.8	50493	40725	24.0
石景山区	241594	219385	10.1	9929	7278	36.4
海淀区	1097278	944130	16.2	596169	412424	44.6
门头沟区	181296	120418	50.6	3332	3241	2.8
房山区	414822	328190	26.4	6156	6196	-0.6
通州区	306719	364132	-15.8	15108	14998	0.7
顺义区	267438	209362	27.7	19240	8664	122.1
昌平区	311032	264489	17.6	39119	38047	2.8
大兴区	326881	284266	15.0	7276	5164	40.9
怀柔区	182082	158428	14.9	52788	94056	-43.9
平谷区	194249	196426	-1.1	10832	10458	3.6
密云区	238316	249613	-4.5	33318	33106	0.6
延庆区	145341	140137	3.7	31245	32049	-2.5

3-17 续表2

单位：万元

各区	一般公共预算支出中					
	#教育			#卫生健康		
	2019	2018	增长速度(%)	2019	2018	增长速度(%)
全市	**11371772**	**10255070**	**10.9**	**5344127**	**4900949**	**9.0**
东城区	705521	654843	7.7	187961	185006	1.6
西城区	686734	583305	17.7	330269	328225	0.6
朝阳区	1100467	966502	13.9	554800	451958	22.8
丰台区	427780	466070	-8.2	135123	127241	6.2
石景山区	190432	173854	9.5	56316	62516	-9.9
海淀区	1258828	1158588	8.7	399578	268430	48.9
门头沟区	198987	155423	28.0	56932	50590	12.5
房山区	566791	456272	24.2	152181	138307	10.0
通州区	475801	383565	24.0	279895	278274	0.6
顺义区	476885	428871	11.2	226663	211049	7.4
昌平区	473462	384392	23.2	184956	123183	50.1
大兴区	470609	423750	11.1	193081	175475	10.0
怀柔区	240174	223460	7.5	112288	116621	-3.7
平谷区	234766	220219	6.6	99640	76458	30.3
密云区	242694	235580	3.0	132090	139252	-5.1
延庆区	206207	203646	1.3	116264	82062	41.7

3-17 续表3

单位：万元

各区	一般公共预算支出中					
	#节能环保			#交通运输		
	2019	2018	增长速度(%)	2019	2018	增长速度(%)
全　　市	**3088057**	**3994452**	**-22.7**	**4015949**	**4629944**	**-13.3**
东城区	21042	26598	-20.9	180		
西城区	45667	25057	82.3	90	90	持平
朝阳区	200510	196764	1.9	448	1587	-71.8
丰台区	28432	30379	-6.4	702	1100	-36.2
石景山区	44642	14828	201.1	260	260	持平
海淀区	266878	107738	147.7	250	240	4.2
门头沟区	27856	37747	-26.2	7946	6675	19.0
房山区	131370	382272	-65.6	34652	32086	8.0
通州区	168293	241756	-30.4	36935	37970	-2.7
顺义区	144727	449647	-67.8	51651	52576	-1.8
昌平区	71684	192107	-62.7	21703	16375	32.5
大兴区	52428	149346	-64.9	13926	23556	-40.9
怀柔区	66525	61960	7.4	8296	12015	-31.0
平谷区	47031	71349	-34.1	16474	21948	-24.9
密云区	152144	198784	-23.5	18439	27331	-32.5
延庆区	65130	38865	67.6	16777	41967	-60.0

3-17 续表4

单位：万元

各区	一般公共预算支出中					
	#农林水			#城乡社区		
	2019	2018	增长速度(%)	2019	2018	增长速度(%)
全市	**5846243**	**5760413**	**1.5**	**10746130**	**12462151**	**-13.8**
东城区	3119	2906	7.3	668936	668909	…
西城区	6176	6086	1.5	1392375	1740226	-20.0
朝阳区	502149	501813	0.1	727162	634209	14.7
丰台区	102883	102662	0.2	395889	353424	12.0
石景山区	51469	37966	35.6	231726	407282	-43.1
海淀区	170576	150715	13.2	2071522	2139301	-3.2
门头沟区	166226	166124	0.1	178536	258091	-30.8
房山区	383951	382657	0.3	145435	185408	-21.6
通州区	999005	998659	…	585762	719965	-18.6
顺义区	378855	347535	9.0	470386	485488	-3.1
昌平区	299001	298417	0.2	346379	162488	113.2
大兴区	500089	304406	64.3	377679	707520	-46.6
怀柔区	219602	277392	-20.8	177637	188379	-5.7
平谷区	233607	177622	31.5	102663	223476	-54.1
密云区	322651	321168	0.5	150441	260958	-42.4
延庆区	318041	389857	-18.4	88410	223986	-60.5

3-18 各项税收收入情况

单位：万元

各 区	各项税收收入		
	2019	2018	增长速度（%）
全 市	130981457	126555273	3.5
东 城 区	9064631	9339042	-2.9
西 城 区	45111242	36861978	22.4
朝 阳 区	20064926	21758012	-7.8
丰 台 区	4444900	4302657	3.3
石景山区	2197087	2327885	-5.6
海 淀 区	23948861	24910339	-3.9
门头沟区	869800	950763	-8.5
房 山 区	1338694	1335897	0.2
通 州 区	2761508	2663048	3.7
顺 义 区	5372467	5634500	-4.7
昌 平 区	3305501	3512481	-5.9
大 兴 区	2112622	2324484	-9.1
怀 柔 区	1144243	1207790	-5.3
平 谷 区	622718	809859	-23.1
密 云 区	977031	1035689	-5.7
延 庆 区	586071	652826	-10.2
北京经济技术开发区	6045920	5954877	1.5

资料来源：国家税务总局北京市税务局。

3-19 固定资产投资增速

单位：%

各区	固定资产投资		#房地产开发投资		#基础设施投资	
	2019	2018	2019	2018	2019	2018
全　市	**-2.4**	**-9.9**	**-0.9**	**3.4**	**-3.8**	**-10.7**
东城区	-8.8	1.2	-58.4	176.3	15.3	-7.0
西城区	-20.1	-20.4	-2.2	-67.0	-15.0	53.1
朝阳区	-8.6	-7.5	-28.6	-13.0	1.4	-17.5
丰台区	-6.1	-23.7	-5.9	24.7	4.3	-20.6
石景山区	6.1	1.1	57.2	-30.2	-15.2	5.6
海淀区	2.1	-5.9	30.6	16.7	-36.1	10.4
门头沟区	1.9	-65.1	21.6	-70.7	-12.1	-57.8
房山区	15.0	-34.4	62.4	-33.8	-23.6	-50.7
通州区	15.5	-21.8	16.7	-9.9	25.8	-15.8
顺义区	2.2	-10.3	8.1	37.1	-24.6	-48.9
昌平区	0.2	-14.9	14.4	-14.2	-42.5	-22.0
大兴区	-14.5	25.4	-17.2	62.5	-3.5	20.8
怀柔区	15.6	5.8	58.3	46.1	-23.2	-7.9
平谷区	-4.2	31.5	12.8	83.5	-41.2	14.7
密云区	-7.0	8.9	-21.7	81.7	103.5	-19.7
延庆区	7.3	77.1	-37.3	467.5	31.8	10.6
北京经济技术开发区	-6.6	-6.4	-21.0	61.1	36.1	-30.7

注：1. 本表按项目所在建设地地址划分。
2. 2018年为全社会固定资产投资口径，2019年为固定资产投资（不含农户）口径。

3-20 房屋建筑施工及竣工面积

单位：万平方米

各　区	施工面积			竣工面积		
	2019	2018	增长速度(%)	2019	2018	增长速度(%)
全　市	**16893.5**	**17956.3**	**-5.9**	**1990.4**	**2384.9**	**-16.5**
东 城 区	229.3	183.0	25.3	10.1	18.7	-46.0
西 城 区	126.5	147.7	-14.3	29.2	23.3	25.1
朝 阳 区	3165.2	3083.5	2.6	340.1	244.9	38.9
丰 台 区	1651.8	1891.9	-12.7	192.1	213.4	-10.0
石景山区	421.5	382.6	10.2	24.3	22.0	10.1
海 淀 区	1772.2	1869.1	-5.2	310.4	215.7	43.9
门头沟区	499.1	660.7	-24.5	162.2	226.8	-28.5
房 山 区	1070.0	1078.9	-0.8	126.2	181.9	-30.7
通 州 区	1988.0	2207.2	-9.9	116.7	250.4	-53.4
顺 义 区	1631.2	1764.9	-7.6	183.1	291.1	-37.1
昌 平 区	1390.0	1458.9	-4.7	196.7	216.7	-9.2
大 兴 区	1168.9	1471.0	-20.5	96.1	217.7	-55.9
怀 柔 区	323.3	287.9	12.3	41.3	43.9	-5.8
平 谷 区	259.8	276.1	-5.9	22.2	84.7	-73.8
密 云 区	272.6	303.5	-10.2	48.8	65.5	-25.5
延 庆 区	314.5	225.6	39.4	44.0	33.2	32.7
北京经济技术开发区	609.6	663.9	-8.2	46.9	34.8	34.8

3-21 房地产开发情况

单位：万平方米

各 区	房屋施工面积			房屋竣工面积		
	2019	2018	增长速度(%)	2019	2018	增长速度(%)
全 市	**12515.0**	**12962.6**	**-3.5**	**1343.3**	**1557.9**	**-13.8**
东 城 区	148.4	121.5	22.1	3.6	17.5	-79.3
西 城 区	62.5	73.0	-14.4	15.2	6.0	155.7
朝 阳 区	2261.0	2235.3	1.1	279.7	142.8	95.9
丰 台 区	1419.6	1531.5	-7.3	176.9	103.9	70.3
石景山区	382.3	346.5	10.3	24.3	19.2	26.6
海 淀 区	1152.3	1142.4	0.9	156.9	145.5	7.8
门头沟区	345.4	391.1	-11.7	83.0	102.3	-18.9
房 山 区	806.4	765.8	5.3	84.6	158.2	-46.5
通 州 区	1455.5	1539.8	-5.5	86.8	180.1	-51.8
顺 义 区	1121.1	1292.7	-13.3	146.1	189.3	-22.8
昌 平 区	1102.5	1033.1	6.7	102.2	139.0	-26.5
大 兴 区	974.2	1165.1	-16.4	62.4	121.6	-48.7
怀 柔 区	234.1	187.9	24.6	16.7	38.3	-56.4
平 谷 区	198.4	232.4	-14.6	16.6	81.7	-79.6
密 云 区	254.6	286.7	-11.2	45.6	55.3	-17.6
延 庆 区	226.9	172.5	31.5	32.7	31.5	3.8
北京经济技术开发区	369.7	445.2	-17.0	10.0	25.8	-61.3

3-21 续表

单位：万平方米

各区	商品房销售面积			#住宅销售面积		
	2019	2018	增长速度(%)	2019	2018	增长速度(%)
全　　市	**938.9**	**696.2**	**34.9**	**789.0**	**526.8**	**49.8**
东城区	2.5	1.0	150.0	1.3	0.6	105.2
西城区	1.0	2.7	-63.6	0.6	1.6	-64.5
朝阳区	155.4	40.2	286.1	146.1	32.1	354.8
丰台区	148.8	73.2	103.2	131.1	53.9	143.1
石景山区	58.1	28.6	103.2	50.3	24.1	108.7
海淀区	49.4	26.4	86.8	43.6	18.5	134.8
门头沟区	31.4	32.4	-3.2	19.5	20.4	-4.6
房山区	61.0	46.5	31.3	36.5	28.4	28.3
通州区	70.9	81.1	-12.6	47.7	51.1	-6.7
顺义区	89.3	76.2	17.2	72.7	52.5	38.5
昌平区	65.7	107.5	-38.8	57.8	94.1	-38.6
大兴区	78.9	45.1	74.8	68.1	30.7	122.0
怀柔区	22.3	17.5	27.5	20.2	16.5	22.1
平谷区	21.5	39.9	-46.1	19.8	33.8	-41.4
密云区	19.9	38.5	-48.2	18.1	36.6	-50.6
延庆区	21.3	8.5	150.9	21.2	7.9	168.2
北京经济技术开发区	41.5	30.7	35.1	34.7	23.7	46.3

注：销售面积为期房与现房销售面积之和。

3-22　保障性住房基本情况

单位：万平方米

各　区	保障性住房施工面积			保障性住房竣工面积		
	2019	2018	增长速度(%)	2019	2018	增长速度(%)
全　市	**5168.8**	**5484.9**	**-5.8**	**494.5**	**664.7**	**-25.6**
东 城 区	46.0	33.7	36.6	3.5		
西 城 区	10.3	10.3	持平			
朝 阳 区	960.6	820.4	17.1	92.2	75.9	21.5
丰 台 区	692.0	774.1	-10.6	103.1	49.6	108.1
石景山区	132.1	125.1	5.5			
海 淀 区	702.7	757.2	-7.2	101.0	59.8	68.9
门头沟区	92.8	109.4	-15.2	12.2	42.2	-71.0
房 山 区	370.8	374.6	-1.0	23.6	102.6	-77.0
通 州 区	420.0	474.2	-11.4	19.1	86.6	-78.0
顺 义 区	483.5	561.2	-13.8	48.3	82.9	-41.7
昌 平 区	398.6	451.0	-11.6	24.5	75.3	-67.5
大 兴 区	402.0	654.4	-38.6	42.1	47.6	-11.4
怀 柔 区	140.8	90.2	56.2	16.7	22.9	-27.2
平 谷 区	68.7	55.7	23.4		3.0	
密 云 区	69.3	59.9	15.7	7.9	2.7	195.7
延 庆 区	133.8	108.8	22.9		13.7	
北京经济技术开发区	44.9	24.7	82.2			

3–23 能源消费基本情况

各　区	能源消费总量(万吨标准煤)		万元地区生产总值能耗下降率(%)	
	2019	2018	2019	2018
全　市	**7360.3**	**7269.7**	**4.53**	**3.88**
东城区	305.8	300.2	3.87	5.77
西城区	383.0	384.0	6.01	8.58
朝阳区	901.0	894.0	4.99	5.12
丰台区	455.3	444.0	3.55	7.85
石景山区	124.9	124.5	6.14	6.42
海淀区	723.3	724.4	6.68	8.93
门头沟区	62.1	61.7	5.17	4.25
房山区	839.5	823.6	3.30	2.17
通州区	304.6	296.9	3.73	4.00
顺义区	1326.4	1336.6	6.41	-0.01
昌平区	347.3	343.6	5.20	6.78
大兴区	320.6	299.3	-0.61	2.89
怀柔区	117.0	116.3	4.93	0.88
平谷区	119.5	118.4	3.70	-2.13
密云区	124.6	122.7	4.43	1.50
延庆区	69.2	68.5	5.63	-0.57
北京经济技术开发区	239.0	230.3	4.71	-15.40

注：万元地区生产总值能耗下降率按可比价格计算。2018年数据为北京市第四次全国经济普查数据，2019年数据为初步核算数据。

3-24　全社会用电量情况(2019年)

单位：万千瓦时

各　区	合计	第一产业	第二产业	第三产业	居民生活
全　市	**10640545**	**98872**	**2230898**	**5794810**	**2515964**
东城区	474246		15334	364728	94184
西城区	552521		23000	403134	126386
朝阳区	1878995	1512	185490	1255084	436910
丰台区	899996	505	124675	539240	235577
石景山区	201720	39	19628	132516	49537
海淀区	1506803	3931	142074	1075856	284941
门头沟区	123149	1181	22132	55648	44186
房山区	720982	13941	362597	182197	162247
通州区	689454	13809	160437	293587	221621
顺义区	791073	16206	239190	329616	206060
昌平区	783338	13659	158611	392644	218424
大兴区	607083	11888	141408	279575	174212
怀柔区	206133	5669	72317	69910	58237
平谷区	171856	8054	52311	48637	62854
密云区	217360	4996	73169	63294	75901
延庆区	133781	3482	21959	71913	36426
北京经济技术开发区	682055		416566	237230	28259

注：由于线损和区域电厂实行集中管理，此表全市及各区未统计线损电量和电厂厂用电量。

资料来源：北京市电力公司。

3-25 农村基本情况

各区	乡镇及行政村常住户数(万户)			乡镇及行政村常住人口(万人)			乡镇及行政村从业人员(万人)			乡镇及行政村农林牧渔业从业人员(万人)		
	2019	2018	增长速度(%)	2019	2018	增长速度(%)	2019	2018	增长速度(%)	2019	2018	增长速度(%)
全　市	**211.7**	**211.9**	**-0.1**	**555.7**	**558.0**	**-0.4**	**333.7**	**337.5**	**-1.1**	**42.4**	**45.0**	**-5.9**
朝阳区	20.4	21.3	-4.1	47.5	50.9	-6.6	33.3	34.6	-3.9	0.2	0.2	26.0
丰台区	10.7	11.5	-6.8	25.5	28.4	-10.1	15.1	16.8	-10.5	0.5	0.5	15.4
海淀区	14.5	14.5	0.5	36.5	37.8	-3.4	22.8	23.1	-1.3	0.8	0.9	-1.3
门头沟区	3.3	3.4	-2.0	6.8	6.8	-0.8	3.6	3.5	4.1	0.6	0.6	-6.9
房山区	22.3	20.8	7.1	61.7	59.0	4.5	31.6	30.6	3.1	5.2	5.6	-5.6
通州区	29.3	29.1	0.7	76.9	77.6	-0.8	38.9	39.2	-0.8	2.8	3.2	-13.7
顺义区	24.6	23.6	4.3	70.0	64.8	8.0	41.0	37.5	9.3	2.5	2.9	-12.4
昌平区	30.2	32.2	-6.1	76.7	79.1	-3.1	51.7	56.1	-7.8	2.6	2.7	-3.8
大兴区	15.5	15.5	-0.3	48.6	49.7	-2.3	30.2	30.5	-0.9	4.1	4.8	-15.6
怀柔区	9.2	8.9	2.8	22.4	21.9	2.6	13.7	13.6	1.1	3.5	3.6	-3.3
平谷区	11.5	11.3	1.3	34.0	33.7	0.7	20.2	20.5	-1.2	7.3	7.5	-1.7
密云区	11.9	11.8	1.0	28.7	28.5	0.9	19.6	19.7	-0.2	8.4	8.6	-2.2
延庆区	8.2	8.0	2.4	20.4	19.8	3.1	12.0	11.8	1.2	3.8	4.1	-7.8

3-25 续表

各 区	农业机械总动力（万千瓦）			化肥施用量(折纯量)（吨）			农村用电量（万千瓦小时）		
	2019	2018	增长速度(%)	2019	2018	增长速度(%)	2019	2018	增长速度(%)
全 市	**122.8**	**125.6**	**-2.2**	**61727.4**	**72934.1**	**-15.4**	**677671.6**	**651370.2**	**4.0**
朝阳区	0.2	0.2	-13.9	157.6	213.4	-26.1	67752.1	73776.7	-8.2
丰台区	1.2	1.2	1.0	74.8	80.4	-7.0	43984.6	46625.3	-5.7
海淀区	1.2	1.2	0.1	619.1	692.9	-10.7	32945.9	30423.2	8.3
门头沟区	0.8	0.9	-9.7	931.7	328.8	183.4	11557.8	11169.1	3.5
房山区	10.4	9.9	5.2	6654.4	7027.9	-5.3	64759.1	62313.8	3.9
通州区	11.9	12.0	-1.3	7224.2	11777.9	-38.7	91374.0	90139.9	1.4
顺义区	20.5	21.2	-3.4	13390.5	14784.7	-9.4	97661.2	88337.4	10.6
昌平区	5.0	4.8	3.9	1457.8	1861.7	-21.7	79465.5	79759.1	-0.4
大兴区	12.9	14.6	-12.1	12644.0	14213.8	-11.0	38431.9	39245.7	-2.1
怀柔区	11.8	12.1	-2.3	2026.0	2410.4	-15.9	33293.1	27946.5	19.1
平谷区	15.3	15.3	0.3	6155.1	6860.8	-10.3	44940.1	44400.8	1.2
密云区	12.2	13.6	-10.6	4878.0	5407.7	-9.8	42444.3	37846.5	12.1
延庆区	9.4	9.3	1.5	5514.2	7273.7	-24.2	29062.0	19386.2	49.9

注：全市农业机械总动力包含首农集团未分配到各区的农机具数据，故分区数据相加不等于全市。
资料来源：农业机械总动力由北京市农业农村局提供。

3-26　农林牧渔业总产值

单位：万元

各　区	农林牧渔业总产值			农　业			林　业		
	2019	2018	增长速度(%)	2019	2018	增长速度(%)	2019	2018	增长速度(%)
全　市	**2817044.6**	**2967694.8**	**-5.1**	**1023274.8**	**1147488.9**	**-10.8**	**1156294.1**	**951268.5**	**21.6**
朝阳区	74631.6	49940.5	49.4	2153.8	2420.1	-11.0	69146.2	43255.8	59.9
丰台区	20076.3	22108.3	-9.2	4759.3	5780.2	-17.7	14922.5	14218.6	5.0
海淀区	42726.9	43013.9	-0.7	15424	12817.2	20.3	18980.5	20278.1	-6.4
门头沟区	68081.0	75922.9	-10.3	4797.1	3536.4	35.6	61151.1	70184.4	-12.9
房山区	332759.5	338213.5	-1.6	102612.1	134847.0	-23.9	182653.8	113252.2	61.3
通州区	302602.8	396245.7	-23.6	99721.2	140813.0	-29.2	138532.1	135399.9	2.3
顺义区	433735	463118.5	-6.3	158517.3	168742.5	-6.1	127171.4	99108.4	28.3
昌平区	231557.5	188694.6	22.7	75738.3	77827.0	-2.7	91392.8	58078.7	57.4
大兴区	277386.2	316975.9	-12.5	162292	181140.7	-10.4	94224.6	90780.6	3.8
怀柔区	145068.8	149446.9	-2.9	36142.4	37460.2	-3.5	96072.5	87067.2	10.3
平谷区	358254.4	394989.9	-9.3	170973.8	188242.9	-9.2	56228.0	58606.9	-4.1
密云区	331624.8	326957.2	1.4	142369.3	143642.7	-0.9	118657.1	90999.0	30.4
延庆区	188684.3	199644.8	-5.5	47774.2	50219.0	-4.9	87161.5	70038.7	24.4

注：全市农林牧渔业总产值中含远洋捕捞，各区不包括远洋捕捞数据，故分区数据相加不等于全市。

3-26 续表

单位：万元

各区	农林牧渔业总产值								
	牧业			渔业			农林牧渔专业及辅助性活动		
	2019	2018	增长速度(%)	2019	2018	增长速度(%)	2019	2018	增长速度(%)
全市	**493203.1**	**719739.0**	**-31.5**	**52821.4**	**61497.2**	**-14.1**	**91451.2**	**87701.2**	**4.3**
朝阳区	246.7	132.1	86.8	260.3	1128.2	-76.9	2824.6	3004.3	-6.0
丰台区	315.6	694.4	-54.6				78.9	1415.1	-94.4
海淀区	933.7	3014.1	-69.0	488.7	4.5		6900.0	6900.0	持平
门头沟区	484.5	1324.6	-63.4				1648.3	877.5	87.8
房山区	40396.1	71606.4	-43.6	2637.9	5122.9	-48.5	4459.6	13385.0	-66.7
通州区	49683.3	93059.5	-46.6	12729.8	17082.1	-25.5	1936.4	9891.2	-80.4
顺义区	130002.4	168927.9	-23.0	5759.1	8427.9	-31.7	12284.8	17911.8	-31.4
昌平区	46979.2	43822.2	7.2	1237	1455.6	-15.0	16210.2	7511.1	115.8
大兴区	16629.9	36138.0	-54.0		50.3		4239.7	8866.3	-52.2
怀柔区	7426.0	18969.9	-60.9	2915.8	5074.7	-42.5	2512.1	874.9	187.1
平谷区	95376.2	133402.2	-28.5	10812.8	11884.3	-9.0	24863.6	2853.6	771.3
密云区	58725.3	75665.3	-22.4	5720.9	7982.2	-28.3	6152.2	8668.0	-29.0
延庆区	46004.2	72982.4	-37.0	403.6	862.3	-53.2	7340.8	5542.4	32.4

3-27 农作物播种面积

单位：公顷

各区	农作物播种面积			#粮食作物			#蔬菜及食用菌		
	2019	2018	增长速度(%)	2019	2018	增长速度(%)	2019	2018	增长速度(%)
全市	**92251**	**106266**	**-13.2**	**46515**	**55639**	**16.3**	**31176**	**36010**	**-13.4**
朝阳区	133	145	-8.0	4			85	108	-21.3
丰台区	138	172	-19.5	31	47	-33.8	103	119	-13.9
海淀区	1048	1115	-6.0	416	473	-12.1	531	574	-7.4
门头沟区	1355	1433	-5.5	427	495	-13.7	171	65	164.4
房山区	11404	13458	-15.3	6060	7681	-21.1	4195	4389	-4.4
通州区	7554	10195	-25.9	2589	3463	-25.3	4409	6171	-28.6
顺义区	16924	18503	-8.5	8229	9320	-11.7	4539	5058	-10.3
昌平区	2264	2691	-15.9	694	916	-24.3	699	839	-16.6
大兴区	15481	19012	-18.6	3530	5017	-29.6	9641	11489	-16.1
怀柔区	4777	5467	-12.6	2766	3612	-23.4	646	652	-1.0
平谷区	5936	6990	-15.1	4109	4994	-17.7	1239	1558	-20.5
密云区	12511	13798	-9.3	8658	9516	-9.0	2996	3253	-7.9
延庆区	12727	13288	-4.2	9003	10107	-10.9	1921	1735	10.7

3-28 主要农产品产量

单位：吨

各区	粮食			蔬菜及食用菌			禽蛋		
	2019	2018	增长速度(%)	2019	2018	增长速度(%)	2019	2018	增长速度(%)
全市	**287609**	**341437**	**-15.8**	**1114534**	**1305512**	**-14.6**	**96213**	**112471**	**-14.5**
朝阳区	13			1578	2299	-31.4			
丰台区	132	230	-42.5	1631	1509	8.1	271	343	-21.0
海淀区	2101	2475	-15.1	14963	14707	1.7		40	
门头沟区	705	791	-10.9	840	818	2.7	56	73	-23.3
房山区	32304	39181	-17.6	133679	145917	-8.4	4839	6088	-20.5
通州区	16229	21433	-24.3	166411	251121	-33.7	537	2901	-81.5
顺义区	48640	54054	-10.0	216457	235965	-8.3	2741	3122	-12.2
昌平区	3060	3887	-21.3	27694	31598	-12.4	1343	2158	-37.8
大兴区	21435	30968	-30.8	290893	343982	-15.4	3012	1659	81.5
怀柔区	15543	19076	-18.5	17528	17442	0.5	298	534	-44.2
平谷区	23644	27538	-14.1	42506	55079	-22.8	61636	57739	6.7
密云区	46940	50254	-6.6	133943	146661	-8.7	9353	9963	-6.1
延庆区	58564	72251	-18.9	66412	58415	13.7	12126	27850	-56.5

注：全市粮食产量为抽样调查推算数据，故与各区数据合计数不等。

3-28 续表1

单位：吨

各 区	干鲜果品			#鲜 果			瓜类及草莓		
	2019	2018	增长速度(%)	2019	2018	增长速度(%)	2019	2018	增长速度(%)
全 市	**488802**	**498910**	**-2.0**	**455898**	**463832**	**-1.7**	**143133**	**150747**	**-5.1**
朝阳区	76	105	-27.7	76	105	-27.7	47	32	45.7
丰台区	626	717	-12.7	625	717	-12.8	14	21	-34.4
海淀区	3253	2738	18.8	3229	2710	19.1	1263	619	104.1
门头沟区	2683	1436	86.9	2443	1305	87.3			
房山区	30828	30958	-0.4	30187	30282	-0.3	2113	2103	0.5
通州区	23884	30997	-22.9	23797	30885	-23.0	3649	6208	-41.2
顺义区	34970	34299	2.0	34711	34110	1.8	60893	55959	8.8
昌平区	26296	25562	2.9	24363	23929	1.8	7383	7126	3.6
大兴区	46992	52723	-10.9	46940	52658	-10.9	62214	73326	-15.2
怀柔区	19059	20190	-5.6	9478	10023	-5.4	518	317	63.0
平谷区	237339	237029	0.1	232609	232025	0.3	1906	1936	-1.5
密云区	50852	51326	-0.9	36814	35677	3.2	855	625	36.7
延庆区	11946	10830	10.3	10628	9405	13.0	2279	2474	-7.9

3-28 续表2

单位：吨

各区	肉类			#猪牛羊肉			牛奶		
	2019	2018	增长速度(%)	2019	2018	增长速度(%)	2019	2018	增长速度(%)
全　　市	**51425**	**174654**	**-70.6**	**34172**	**150740**	**-77.3**	**264135**	**310551**	**-14.9**
朝 阳 区	1			1			353	218	62.5
丰 台 区	23	82	-72.2		82			21	
海 淀 区	174	556	-68.7	169	527	-67.9	762	1109	-31.4
门头沟区	24	475	-95.0	2	343	-99.3	20	21	-3.4
房 山 区	3804	21778	-82.5	1338	18670	-92.8	31266	34240	-8.7
通 州 区	6852	23369	-70.7	2800	19209	-85.4	57207	78083	-26.7
顺 义 区	18087	51280	-64.7	15434	48251	-68.0	38260	35103	9.0
昌 平 区	1915	6161	-68.9	1611	5443	-70.4	24690	24715	-0.1
大 兴 区	898	9038	-90.1	473	7515	-93.7	25924	32206	-19.5
怀 柔 区	1076	4042	-73.4	1005	3363	-70.1		219	
平 谷 区	7968	34357	-76.8	4522	29794	-84.8	914	896	2.0
密 云 区	5642	11286	-50.0	4089	8301	-50.7	52135	64020	-18.6
延 庆 区	4962	12230	-59.4	2728	9242	-70.5	32603	39701	-17.9

3-28 续表3

单位：百枝、百盆

各　区	鲜切花			盆栽花			盆栽观叶植物		
	2019	2018	增长速度(%)	2019	2018	增长速度(%)	2019	2018	增长速度(%)
全　市	**292723**	**409418**	**-28.5**	**1708038**	**1506823**	**13.4**	**25795**	**11272**	**128.8**
朝阳区									
丰台区				1780	2000	-11.0			
海淀区				16205	3190	408.0			
门头沟区									
房山区	404	8699	-95.4	99107	85998	15.2	7600	3600	111.1
通州区	39080	70350	-44.4	58799	60505	-2.8	1135	4163	-72.7
顺义区	52853	58864	-10.2	876506	871710	0.6	16865	2110	699.3
昌平区	32809	53281	-38.4	71536	67460	6.0	77	987	-92.2
大兴区	10648	9148	16.4	439539	380230	15.6		11	
怀柔区	1574	781	101.6	3396	4567	-25.6	10	35	-71.4
平谷区	3411	15875	-78.5	12872	1795	617.1			
密云区				340	482	-29.4		250	
延庆区	151945	192420	-21.0	127957	28887	343.0	108	116	-7.1

3-29 水产品产量

单位：吨

各 区	2019	2018	增长速度(%)
全 市	**30190**	**30028**	**0.5**
朝阳区	192	341	-43.7
丰台区		4	
海淀区			
门头沟区			
房山区	1184	2526	-53.1
通州区	4258	4519	-5.8
顺义区	4189	5174	-19.0
昌平区	566	739	-23.4
大兴区	519	557	-6.8
怀柔区	852	1812	-53.0
平谷区	8552	8373	2.1
密云区	2450	3470	-29.4
延庆区	767	807	-5.0

注：全市合计数中含远洋捕捞数据(2019年为6661吨，2018年为1706吨)，分区数据不包括，故分区数据相加不等于全市。
资料来源：北京市农业农村局。

3-30　生猪饲养和产量情况(2019年)

各　区	年末生猪存栏 (头)	生猪出栏 (头)	猪肉产量 (吨)
全　市	**131926**	**283648**	**22865**
丰 台 区			
海 淀 区	845	1971	169
门头沟区			
房 山 区	645	584	38
通 州 区			
顺 义 区	82576	153036	12523
昌 平 区	9355	15092	1219
大 兴 区			
怀 柔 区	2195	10124	824
平 谷 区	1182	47593	3669
密 云 区	27219	33459	2685
延 庆 区	7909	21789	1737

3-31 农业观光园情况

各 区	农业观光园个数(个)		高峰期从业人员(人)		接待人次(人次)		经营总收入(万元)	
	2019	2018	2019	2018	2019	2018	2019	2018
全 市	**948**	**1172**	**33815**	**39726**	**15379957**	**18975918**	**232126.1**	**272657.4**
朝阳区	7	11	1251	1344	280647	544850	29889.9	51193.8
丰台区	11	11	704	800	1813539	2629190	17861.5	19438.6
海淀区	87	76	2637	2990	306680	319829	8989.6	6096.1
门头沟区	34	65	385	771	128335	274981	1219.2	2376.2
房山区	72	73	1080	2162	519839	1306728	5058.4	11140.4
通州区	44	58	2097	2566	657545	1028977	14079.5	22471.2
顺义区	66	53	2468	2121	1588942	1280408	17913.0	8412.9
昌平区	150	186	5274	6749	966051	1351791	29601.1	33036.0
大兴区	54	68	2176	2626	901320	1069339	11431.2	9981.1
怀柔区	139	181	1816	2302	1609374	1677682	15211.0	17699.2
平谷区	136	187	8235	8574	3016766	3349903	23751.7	27601.3
密云区	107	141	4286	4711	2887368	3152284	51270.6	52503.7
延庆区	41	62	1406	2010	703551	989956	5849.4	10706.9

3-32 乡村旅游情况

各区	乡村旅游接待户数(户)		高峰期从业人员(人)		乡村旅游接待人次(人次)		乡村旅游总收入(万元)	
	2019	2018	2019	2018	2019	2018	2019	2018
全市	**7354**	**7783**	**23720**	**21203**	**19200658**	**20423166**	**144290.0**	**130361.7**
朝阳区	4	3	19	5	2600	1100	42.2	4.8
海淀区	25	20	320	48	367115	37327	6019.7	231.9
门头沟区	396	424	1034	1104	503612	560362	4728.5	4642.5
房山区	1053	1127	2108	2190	1187061	1587101	7258.6	8239.2
通州区	68	75	170	159	32270	33886	987.8	1261.0
顺义区	29	42	246	131	479402	133356	1505.1	320.3
昌平区	275	344	1556	1610	2642758	2448179	13825.9	10848.0
大兴区	32	67	421	526	372630	391055	1279.8	1424.1
怀柔区	1511	1411	4811	3854	2504659	2400990	23924.0	18711.5
平谷区	726	1077	3467	4049	3390924	3902716	20563.0	24712.8
密云区	1988	2095	5272	4410	3767474	4461721	34290.0	31264.2
延庆区	1247	1098	4296	3117	3950153	4465373	29865.5	28701.4

注：2019年之前乡村旅游统计口径为行政村范围内民俗户；2019年开始统计范围扩大到乡镇及乡镇以下范围，统计口径除原有民俗户外，将为乡村旅游服务的宾馆、饭店、旅游商品专卖店纳统。表中乡村旅游接待户数为实际经营的户数。

3-33 设施农业生产情况(2019年)

各 区	设施农业播种面积(公顷)	设施农业总收入(万元)	#花卉苗木	设施农业产品产量 蔬菜及食用菌(吨)	瓜 果(吨)	园林水果(吨)
全 市	**27068.5**	**471035.8**	**44372.7**	**790839.1**	**130067.5**	**3635.4**
朝阳区	56.2	1029.2		850.7	47.2	2.9
丰台区	114.6	4279.7	500.0	1395.2	13.7	2.6
海淀区	441.1	6682.4	1039.3	7934.2	1262.2	39.0
门头沟区	6.2	41.6		55.4		1.0
房山区	3461.2	55003.2	3187.1	103261.9	493.1	37.5
通州区	3861.0	62766.4	2801.8	130231.9	2024.1	914.5
顺义区	5031.0	97921.7	16005.2	174561.6	54387.2	124.1
昌平区	805.0	42813.7	6570.1	19711.6	6582.9	55.1
大兴区	10305.0	114463.8	10173.4	253363.4	60664.4	763.3
怀柔区	211.0	5626.5	71.2	4362.4	373.5	133.5
平谷区	820.7	18264.8	819.5	22848.4	1871.8	725.1
密云区	1148.3	42472.8	21.6	48440.9	842.4	542.0
延庆区	807.2	19670.0	3183.5	23821.5	1505.0	294.8

3-34 种业发展情况(2019年)

各 区	种业收入(万元)	#销往外埠收入(万元)	种业产品产量 小麦种(公斤)	玉米种(公斤)	树 苗(百株)	种 猪(头)	种 羊(只)	种雏禽(万只)	种鱼苗(万尾)
全 市	**150813.6**	**105752.5**	**693600**	**70466**	**5517.1**	**4393**	**354**	**2115**	**4372**
朝阳区	3301.6				1780.0				
海淀区	218.7	47.1			20.0	462			
门头沟区	0.2								
房山区	7135.8	234.5			11.3				
通州区	1475.1	399.5	597900		502.3				
顺义区	44982.0	43690.8	95700			3296	354	835	200
昌平区	38700.2	31516.3			362.4	360		319	
大兴区	6453.5	2491.4							
怀柔区	2071.1	1816.9			1.0			184	3448
平谷区	19920.0	7333.8						717	
密云区	13405.7	9864.0		70466	25.0	275			
延庆区	13149.7	8358.2			2815.1			61	724

3–35 乡镇企业主要经济指标(2019年)

各　区	企业个数(个)	从业人员(人)	总收入(万元)	利润总额(万元)	上缴税金(万元)
全　市	**66724**	**500160**	**39672372**	**2045547**	**1675758**
朝阳区	142	11985	1695353	157573	100019
丰台区	290	30846	1070106	21722	77256
海淀区	1926	31113	1144485	228700	165307
门头沟区	8109	13087	306085	45682	4193
房山区	10692	69438	3665624	241155	98550
通州区	1830	68629	6958936	401042	308672
顺义区	27834	168477	18005906	751717	653467
昌平区	947	20341	1212903	13677	62222
大兴区	110	9987	1323128	37416	47874
怀柔区	4666	28588	1444466	101116	82756
平谷区	3407	19769	1077908	11395	35814
密云区	6430	24306	1542654	31601	33987
延庆区	341	3594	224818	2751	5641

资料来源：北京市经济和信息化局。

3-36 乡镇个体、私营企业主要经济指标(2019年)

各 区	企业个数(个)	从业人员(人)	总收入(万元)	利润总额(万元)	上缴税金(万元)
全 市	**53222**	**144344**	**3154285**	**357237**	**110143**
朝阳区					
丰台区					
海淀区	475	3850	46337	7281	858
门头沟区	8049	11846	267846	43712	3196
房山区	9259	38938	639825	86263	9952
通州区	677	5023	31117	1825	1754
顺义区	21643	56923	1816544	174556	89326
昌平区	656	2483	37723	5586	447
大兴区					
怀柔区	4488	12117	178845	32538	1933
平谷区	2644	5307	20323	1750	410
密云区	5032	6879	115622	3668	2256
延庆区	299	978	103	58	11

资料来源：北京市经济和信息化局。

3-37 规模以上工业总产值情况

单位：亿元

各 区	工业总产值		#国有控股	
	2019	2018	2019	2018
全 市	**20386.1**	**19669.0**	**12310.5**	**11561.9**
东 城 区	227.0	216.2	112.6	103.2
西 城 区	575.9	583.1	181.1	191.5
朝 阳 区	787.8	751.9	482.1	465.5
丰 台 区	468.4	453.2	346.3	337.9
石景山区	234.6	210.8	204.7	182.1
海 淀 区	2577.0	2517.8	579.2	547.4
门头沟区	55.5	76.8	8.7	27.1
房 山 区	928.2	1002.0	745.7	759.2
通 州 区	616.6	620.6	161.7	164.7
顺 义 区	1659.2	1913.5	918.7	1067.9
昌 平 区	1205.0	1070.8	653.0	576.3
大 兴 区	820.0	825.6	277.1	294.7
怀 柔 区	576.3	612.4	65.5	59.4
平 谷 区	144.6	167.3	14.6	12.2
密 云 区	292.4	278.8	41.0	37.7
延 庆 区	110.2	90.6	69.8	47.8
北京经济技术开发区	4125.2	3713.7	2466.7	2123.6

注：1. 本表统计范围为年主营业务收入2000万元及以上的工业法人企业（下表同）。
2. 国家电网公司、国网冀北电力有限公司的工业总产值、工业销售产值由全市统一核算，故表中工业总产值、工业销售产值指标分区数据之和不等于全市。

3-37 续表1

单位：亿元

各区	工业总产值					
	内资		港澳台商投资企业		外商投资企业	
	2019	2018	2019	2018	2019	2018
全市	**13006.7**	**12268.5**	**2170.2**	**2186.0**	**5209.2**	**5214.6**
东城区	218.4	206.2	4.4	5.8	4.2	4.2
西城区	193.0	203.7	381.6	378.4	1.4	0.9
朝阳区	590.7	566.2	77.7	73.3	119.3	112.5
丰台区	461.2	444.0	2.2	3.1	5.0	6.1
石景山区	221.3	195.8	1.8	1.4	11.5	13.6
海淀区	1171.0	1117.8	1294.2	1275.6	111.8	124.4
门头沟区	54.9	76.0	…	0.6	0.5	0.2
房山区	877.6	943.2	13.5	13.4	37.1	45.4
通州区	452.4	455.5	16.7	17.7	147.4	147.4
顺义区	702.7	723.9	49.1	52.1	907.3	1137.5
昌平区	945.1	839.2	36.6	31.7	223.2	199.9
大兴区	583.1	595.4	38.6	39.5	198.4	190.8
怀柔区	208.3	209.1	14.1	15.0	354.0	388.3
平谷区	67.5	65.9	8.6	9.2	68.5	92.3
密云区	206.3	181.9	31.9	28.9	54.2	68.0
延庆区	102.4	80.0	6.9	9.2	0.9	1.4
北京经济技术开发区	968.5	800.9	192.2	231.2	2964.5	2681.7

3-37 续表2

单位：亿元

各 区	工业总产值					
	#大型企业		#中型企业		#小型企业	
	2019	2018	2019	2018	2019	2018
全 市	**13261.4**	**12691.3**	**3279.6**	**3533.2**	**3710.6**	**3342.1**
东城区	77.8	76.1	134.2	126.7	14.4	13.1
西城区	494.9	501.0	47.3	45.9	31.5	34.3
朝阳区	292.5	275.8	183.0	210.3	303.0	261.7
丰台区	201.4	189.9	120.5	110.9	142.7	149.4
石景山区	121.4	98.4	56.5	58.4	55.7	51.5
海淀区	1384.8	1399.7	549.3	535.4	629.4	558.3
门头沟区	21.4	47.8		2.4	33.0	25.4
房山区	612.9	619.0	102.7	162.8	176.3	217.5
通州区	84.0	80.8	256.2	280.2	260.7	237.6
顺义区	912.8	1145.7	385.3	379.5	345.0	373.6
昌平区	587.7	457.4	218.9	299.3	391.3	308.4
大兴区	101.8	115.1	268.3	361.0	445.8	343.3
怀柔区	307.9	332.0	103.9	117.2	161.5	160.9
平谷区	5.4	9.5	41.2	67.9	93.3	86.1
密云区	80.7	66.4	75.9	93.7	129.9	116.8
延庆区			21.1	23.4	88.5	65.9
北京经济技术开发区	2991.9	2712.9	715.4	658.4	408.4	338.4

注：企业大中小型划分标准执行国家统计局《关于统计上大中小微型企业划分办法》(国统字[2011]75号)(下表同)。

3-37 续表3

单位：亿元

各区	工业总产值			
	轻工业		重工业	
	2019	2018	2019	2018
全　市	**2964.1**	**2975.7**	**17422.0**	**16693.3**
东 城 区	138.8	144.4	88.2	71.8
西 城 区	42.3	47.1	533.6	535.9
朝 阳 区	135.2	141.9	652.6	610.1
丰 台 区	68.9	61.7	399.5	391.5
石景山区	2.5	2.8	232.1	208.0
海 淀 区	145.0	166.7	2432.0	2351.1
门头沟区	6.1	6.7	49.4	70.1
房 山 区	88.1	103.0	840.1	899.0
通 州 区	285.1	282.3	331.4	338.3
顺 义 区	331.6	375.5	1327.6	1538.1
昌 平 区	235.2	223.9	969.8	846.9
大 兴 区	328.5	326.4	491.5	499.3
怀 柔 区	164.0	171.1	412.3	441.3
平 谷 区	61.0	60.7	83.5	106.6
密 云 区	92.2	84.9	200.2	193.9
延 庆 区	20.8	22.4	89.4	68.2
北京经济技术开发区	818.7	754.3	3306.6	2959.4

3-38 规模以上工业企业主要财务指标

单位：个

各　区	企业单位个数		2019年企业单位个数中				
	2019	2018	#大　型	#中　型	#小　型	轻工业	重工业
全　市	**3121**	**3108**	**115**	**437**	**2370**	**1056**	**2065**
东 城 区	29	28	2	7	18	14	15
西 城 区	39	41	8	8	21	12	27
朝 阳 区	233	225	8	27	176	72	161
丰 台 区	139	137	7	21	105	29	110
石景山区	37	38	3	9	21	5	32
海 淀 区	387	399	15	53	301	70	317
门头沟区	29	30	1	62	26	6	23
房 山 区	170	166	4	44	132	61	109
通 州 区	343	349	5	51	259	131	212
顺 义 区	356	367	13	39	271	124	232
昌 平 区	310	310	8	42	247	106	204
大 兴 区	287	301	6	20	225	132	155
怀 柔 区	164	157	4	13	132	80	84
平 谷 区	104	106	1		82	47	57
密 云 区	139	134	3	14	110	43	96
延 庆 区	44	45		7	35	14	30
北京经济技术开发区	311	275	27	20	209	110	201

3-38 续表1

单位：个

各　区	2019年企业单位个数中			
	#国有控股	内　资	港澳台商投资	外商投资
全　市	**656**	**2471**	**155**	**495**
东城区	12	26	1	2
西城区	26	36	1	2
朝阳区	81	187	19	27
丰台区	48	132	2	5
石景山区	14	32	2	3
海淀区	93	337	17	33
门头沟区	3	27	1	1
房山区	34	156	4	10
通州区	48	280	9	54
顺义区	60	243	17	96
昌平区	63	262	14	34
大兴区	56	247	7	33
怀柔区	17	119	14	31
平谷区	10	63	7	34
密云区	22	114	8	17
延庆区	12	38	4	2
北京经济技术开发区	57	172	28	111

3-38 续表2

单位：亿元

各 区	资产总计		负债合计		营业收入	
	2019	2018	2019	2018	2019	2018
全 市	**52222.0**	**49321.5**	**21974.5**	**22270.2**	**23419.1**	**22348.1**
东 城 区	254.1	241.2	115.6	106.3	234.0	237.6
西 城 区	23004.2	19952.5	6328.3	6303.5	5642.3	5207.6
朝 阳 区	2181.9	2052.0	978.1	949.1	913.5	869.7
丰 台 区	887.3	917.1	464.7	512.2	508.0	492.8
石景山区	3980.6	3825.7	2506.8	2319.7	494.3	504.4
海 淀 区	5106.3	5320.7	2481.7	2878.1	3642.3	3344.4
门头沟区	137.0	277.0	57.3	126.3	60.1	83.9
房 山 区	965.3	891.4	598.4	525.0	993.8	1070.7
通 州 区	997.2	949.6	559.3	521.1	790.6	801.1
顺 义 区	3473.0	4039.0	1791.2	2264.4	1938.0	2210.1
昌 平 区	2411.5	2534.2	1200.6	1323.6	1523.4	1260.2
大 兴 区	1131.9	1512.9	547.1	771.0	964.4	1026.9
怀 柔 区	687.7	651.8	406.1	385.4	661.6	734.8
平 谷 区	244.2	241.4	130.1	142.8	186.1	211.4
密 云 区	589.6	550.3	345.8	291.1	329.6	308.7
延 庆 区	155.0	491.5	101.2	243.2	116.1	102.1
北京经济技术开发区	6015.3	4873.2	3362.2	2607.5	4420.9	3881.7

3-38 续表3

单位：亿元

各区	利润总额		利税总额	
	2019	2018	2019	2018
全市	**1710.3**	**1647.0**	**2544.7**	**2594.9**
东城区	15.6	14.6	23.2	22.5
西城区	452.2	477.2	536.8	604.2
朝阳区	90.9	70.0	124.1	107.4
丰台区	37.5	14.7	52.9	31.5
石景山区	-26.8	-35.3	-12.7	-18.1
海淀区	274.0	160.0	336.4	225.8
门头沟区	3.8	14.8	6.5	23.0
房山区	-0.8	33.3	121.3	156.4
通州区	59.1	52.8	114.3	114.5
顺义区	98.8	137.3	186.0	229.8
昌平区	82.7	101.8	118.0	133.7
大兴区	71.2	69.4	97.2	101.7
怀柔区	31.7	35.6	47.5	60.3
平谷区	4.1	1.5	9.9	8.9
密云区	-15.4	-3.4	-1.2	9.1
延庆区	4.2	20.2	6.7	23.6
北京经济技术开发区	527.1	482.7	777.8	760.8

3-38 续表4

各区	应交税金合计(亿元)		#应交增值税		平均用工人数(人)	
	2019	2018	2019	2018	2019	2018
全　市	**1131.4**	**1229.5**	**462.1**	**568.1**	**886428**	**927430**
东城区	10.2	10.2	5.9	6.3	9194	9554
西城区	147.2	181.4	51.7	92.3	66559	65078
朝阳区	50.0	54.4	24.4	29.1	66766	67506
丰台区	20.7	22.4	12.7	13.9	37900	40404
石景山区	16.4	20.5	9.6	12.6	22043	22725
海淀区	93.5	89.6	49.2	53.6	96569	105017
门头沟区	3.3	10.8	2.4	6.2	6006	10014
房山区	125.6	131.9	24.1	32.9	36204	37381
通州区	63.9	70.4	24.6	31.4	57055	63426
顺义区	98.5	101.2	38.4	33.2	108253	123146
昌平区	49.5	43.7	28.9	25.5	96021	85665
大兴区	37.3	45.2	21.1	26.5	55664	63259
怀柔区	20.7	30.0	10.6	19.4	35227	36475
平谷区	6.6	8.5	4.8	6.1	20575	22889
密云区	18.2	13.9	9.6	8.3	28374	28577
延庆区	3.2	3.8	1.9	2.8	7787	8532
北京经济技术开发区	366.8	391.6	141.7	168.1	136231	137782

注：应交税金合计主要包括应交增值税、应交所得税和税金及附加等。计算应交增值税时企业应交增值税为负数的按实际计算。

3–39 建筑业主要指标

各　区	企业单位数(个)			年末从业人员 (人)			建筑业总产值(亿元)		
	2019	2018	增长速度(%)	2019	2018	增长速度(%)	2019	2018	增长速度(%)
全　市	**2877**	**2831**	**1.6**	**554590**	**534121**	**3.8**	**11999.4**	**10939.8**	**9.7**
东城区	120	137	-12.4	35190	36019	-2.3	896.3	809.6	10.7
西城区	170	181	-6.1	30858	29722	3.8	750.7	692.8	8.4
朝阳区	567	565	0.4	89655	95652	-6.3	1699.8	1556.9	9.2
丰台区	234	230	1.7	100458	84949	18.3	2487.8	1917.1	29.8
石景山区	82	84	-2.4	24884	29043	-14.3	605.1	519.8	16.4
海淀区	357	380	-6.1	78318	79393	-1.4	1931.2	1970.0	-2.0
门头沟区	70	66	6.1	8356	5898	41.7	150.7	133.0	13.3
房山区	120	132	-9.1	13418	22145	-39.4	141.2	414.5	-65.9
通州区	209	196	6.6	47494	35155	35.1	1414.4	1267.4	11.6
顺义区	189	168	12.5	39430	39907	-1.2	488.3	453.7	7.6
昌平区	160	148	8.1	14630	15035	-2.7	240.5	206.6	16.4
大兴区	230	217	6.0	22096	20662	6.9	507.5	380.3	33.4
怀柔区	89	93	-4.3	7514	6174	21.7	113.9	88.7	28.4
平谷区	104	94	10.6	13455	8569	57.0	82.3	76.3	7.9
密云区	74	68	8.8	10224	9609	6.4	170.2	133.3	27.6
延庆区	40	40	持平	3033	3257	-6.9	45.3	44.6	1.4
北京经济技术开发区	62	32	94	15577	12932	20.5	274.2	275.1	-0.3

注：分区数据按照企业经营地划分，统计范围为施工总承包、专业承包建筑业企业。

3-40 限额以上批发和零售业基本情况(2019年)

各区	单位个数(个)	商品购进额(亿元)	商品销售额(亿元)	批发额	零售额
全市	**9791**	**69378.5**	**73892.0**	**64427.3**	**9464.7**
东城区	565	7752.5	8091.8	6817.3	1274.5
西城区	608	4861.7	5094.5	4617.8	476.8
朝阳区	2611	20705.2	22825.4	20586.5	2238.9
丰台区	797	2635.9	2799.7	2258.2	541.6
石景山区	250	1722.4	1632.9	1246.4	386.5
海淀区	1940	14586.3	15517.0	13993.7	1523.2
门头沟区	167	610.7	669.4	641.2	28.2
房山区	356	1158.1	1207.5	1057.7	149.8
通州区	385	1483.6	1560.3	1088.0	472.3
顺义区	416	1556.0	1758.3	1314.0	444.3
昌平区	570	2817.0	3037.0	2772.4	264.6
大兴区	336	1024.7	1100.7	721.3	379.5
怀柔区	189	221.4	246.8	207.8	39.0
平谷区	149	219.0	238.9	200.2	38.7
密云区	198	428.8	458.3	420.0	38.3
延庆区	40	73.0	80.6	73.6	7.0
北京经济技术开发区	214	7522.2	7572.9	6411.4	1161.5

注：本表统计范围为限额以上批发和零售业法人单位、产业活动单位和个体经营户。

3-41 限额以上住宿和餐饮业基本情况(2019年)

各 区	单位个数（个）	营业额（亿元）	#客房收入	#餐费收入
全 市	**3365**	**1445**	**328**	**956**
东城区	323	290	62	208
西城区	394	163	47	96
朝阳区	1018	397	93	251
丰台区	213	57	18	34
石景山区	71	12	3	8
海淀区	620	219	59	132
门头沟区	21	7	1	5
房山区	40	11	2	8
通州区	51	8	2	6
顺义区	184	56	12	41
昌平区	165	35	11	18
大兴区	67	81	2	62
怀柔区	60	15	3	10
平谷区	37	16	1	15
密云区	35	8	4	3
延庆区	25	6	3	3
北京经济技术开发区	41	64	6	57

注：本表统计范围为限额以上住宿和餐饮业法人单位、产业活动单位和个体经营户。

3-42 社会消费品零售总额(2019年)

单位：亿元

各 区	社会消费品零售总额	比2018年增长(%)
全 市	**15063.7**	**4.4**
东 城 区	1319.5	5.0
西 城 区	1095.5	4.0
朝 阳 区	3525.3	3.5
丰 台 区	1463.9	4.5
石景山区	435.7	4.7
海 淀 区	2972.6	3.5
门头沟区	109.5	5.9
房 山 区	375.6	6.0
通 州 区	590.7	7.0
顺 义 区	637.8	5.7
昌 平 区	743.7	5.0
大 兴 区	684.0	6.3
怀 柔 区	220.2	5.8
平 谷 区	166.2	6.2
密 云 区	174.3	8.0
延 庆 区	108.0	7.8
北京经济技术开发区	441.1	4.8

注：1. 社会消费品零售总额按产业在地原则核算。
2. 表内数据根据北京市第四次全国经济普查结果进行了修订，增长速度按可比口径计算。

3-43 商品交易市场情况

各区	市场个数（个）		总摊位数（个）		出租摊位数（个）		营业面积（万平方米）		成交额（亿元）	
	2019	2018	2019	2018	2019	2018	2019	2018	2019	2018
全　市	**483**	**529**	**150047**	**173158**	**122467**	**135464**	**933.0**	**983.4**	**4235.1**	**4017.7**
东城区	19	20	11385	11437	9774	10224	31.1	30.8	25.3	26.4
西城区	20	21	3319	4085	3011	3517	11.2	11.6	16.7	21.9
朝阳区	91	108	29381	34481	24551	28887	193.3	206.7	574.3	701.7
丰台区	65	69	24290	26263	21054	23130	261.7	267.6	2458.8	2215.5
石景山区	12	13	1593	1883	1274	1752	15.5	14.2	19.6	21.3
海淀区	24	28	11396	14985	9984	11501	45.7	49.2	397.4	316.7
门头沟区	7	8	931	937	823	828	2.9	2.8	3.8	2.9
房山区	41	45	5514	6006	5017	5234	25.1	27.3	12.3	12.1
通州区	35	38	10581	10769	8280	8489	40.1	39.4	113.5	107.9
顺义区	44	45	10840	10659	9459	9391	92.1	89.0	308.9	234.1
昌平区	41	47	11557	13894	9379	11245	63.1	80.8	215.8	265.0
大兴区	17	18	5669	13745	3846	4995	26.5	38.3	4.1	4.0
怀柔区	12	12	3667	3667	2741	2830	13.4	13.4	27.9	28.8
平谷区	23	24	11915	11995	7533	7595	71.2	71.7	27.4	29.8
密云区	27	27	6670	6700	4412	4524	31.9	32.0	18.6	18.9
延庆区	5	6	1339	1652	1329	1322	8.2	8.7	10.9	10.8

3-44 实际利用外商直接投资额

单位：万美元

各　区	2019	2018
全　市	**1421299**	**1731089**
东城区	62521	62388
西城区	9730	51449
朝阳区	429054	397477
丰台区	11035	1455
石景山区	41753	38710
海淀区	615134	790955
门头沟区	3462	3204
房山区	5568	4026
通州区	60337	55388
顺义区	91087	165533
昌平区	10115	85000
大兴区	10023	8159
怀柔区	7204	6448
平谷区	5013	5135
密云区	1290	1059
延庆区	2299	922
北京经济技术开发区	55674	53781

资料来源：北京市商务局。

3-45 银行、保险系统机构人员情况(2019年)

各　区	合　计		总行、总公司		分行、分公司		支行、支公司	
	机　构(个)	从业人员(人)	机　构(个)	从业人员(人)	机　构(个)	从业人员(人)	机　构(个)	从业人员(人)
全　市	**4482**	**409193**	**107**	**133163**	**192**	**62762**	**3233**	**130274**
东城区	346	51194	9	7713	30	15692	271	15162
西城区	477	119150	38	67559	44	29871	348	12984
朝阳区	984	75288	31	22715	91	12613	693	19203
丰台区	368	23101	4	8882	10	1294	276	7943
石景山区	139	14039	5	7524	2	128	99	3631
海淀区	704	44612	5	14516	12	2933	557	20836
门头沟区	68	2464	1	23	1	44	49	1878
房山区	162	9271	1	32			112	5557
通州区	211	12930	1	27			146	8629
顺义区	189	12229	2	286			132	5276
昌平区	206	12609	3	3122			140	7610
大兴区	237	9274	2	100	2	187	182	5638
怀柔区	109	5799	1	59			63	4335
平谷区	111	6215	1	22			66	4639
密云区	105	7099	1	38			62	5403
延庆区	66	3919	2	545			37	1550

3-45 续表

各 区	分理处		储蓄所		其 他	
	机 构（个）	从业人员（人）	机 构（个）	从业人员（人）	机 构（个）	从业人员（人）
全 市	**702**	**8678**	**19**	**96**	**229**	**74220**
东城区	18	545	2	12	16	12070
西城区	29	795	4	25	14	7916
朝阳区	131	2107	3	17	35	18633
丰台区	63	707	2	19	13	4256
石景山区	27	301			6	2455
海淀区	108	1366	5	11	17	4950
门头沟区	12	79	1	8	4	432
房山区	31	264			18	3418
通州区	45	418			19	3856
顺义区	39	453			16	6214
昌平区	43	410	1	4	19	1463
大兴区	39	484	1		11	2865
怀柔区	36	198			9	1207
平谷区	30	176			14	1378
密云区	31	235			11	1423
延庆区	20	140			7	1684

3-46 中资银行人民币存款余额(2019年)

单位：万元

各 区	各项存款	单位存款	个人存款	#储蓄存款	其他存款
全 市	**1603918354**	**924431771**	**371313935**	**269134873**	**308172648**
东城区	160355944	95463345	32597389	23874571	32295210
西城区	514163442	308014345	48268968	33840939	157880129
朝阳区	286204796	133506236	79108613	56236282	73589947
丰台区	74376797	33974988	34955906	25964284	5445903
石景山区	24335927	13653388	9878160	7015725	804378
海淀区	358359589	253118342	71880344	51111048	33360903
门头沟区	7044029	3284731	3747351	2643414	11947
房山区	18348114	8005931	10337169	7730311	5015
通州区	36384537	16120880	17007733	12896463	3255924
顺义区	24538149	11178562	12765741	9456204	593845
昌平区	29598721	12019062	17145647	12742658	434011
大兴区	45848901	25538209	19835538	14631390	475155
怀柔区	7317600	3420952	3888293	3033126	8355
平谷区	5464465	2363471	3094725	2440117	6269
密云区	6346608	2246787	4097085	3240519	2736
延庆区	5230736	2522542	2705274	2277822	2921

注：本表统计范围包括中国邮政储蓄银行北京分行、国有商业银行北京市分行、股份制商业银行在京营业机构、北京银行、北京农商银行。

资料来源：中国人民银行营业管理部。

3-47 中资银行人民币贷款余额(2019年)

单位：万元

各 区	各项贷款	境内贷款	短期贷款	#个人消费贷款	中长期贷款	#个人消费贷款	其他贷款	境外贷款
全 市	**683578707**	**682860024**	**219436023**	**15891622**	**428197763**	**111048965**	**35226238**	**718683**
东城区	71586653	71533497	23956932	1214105	44845503	14780464	2731062	53156
西城区	269172314	268754903	88830956	5603232	152488374	23083652	27435572	417411
朝阳区	103261728	103133860	35507998	4542294	66150498	26302650	1475365	127868
丰台区	50975965	50950600	16076487	1059766	34788576	7841618	85537	25365
石景山区	10194980	10191082	2358251	172151	7799037	1576099	33794	3898
海淀区	102479580	102419570	34793884	1597855	66732172	19849737	893513	60009
门头沟区	2697684	2696409	1060399	33430	1627299	643441	8711	1275
房山区	6591228	6591026	1301792	131307	3563103	1499825	1726132	202
通州区	11327105	11325829	2710194	289505	8591165	2996696	24470	1276
顺义区	15048564	15030566	5036953	342827	9598715	2689191	394898	17997
昌平区	8924005	8918836	1887126	263711	6993302	3587694	38408	5168
大兴区	21855894	21853597	3659115	380910	18019067	3673648	175415	2297
怀柔区	2859455	2857191	807530	64684	2025922	532606	23739	2264
平谷区	1887025	1886547	302257	73742	1579100	811779	5190	478
密云区	2941275	2941257	817602	74340	2056371	934283	67283	18
延庆区	1775252	1775252	328546	47764	1339557	245581	107149	

注：本表统计范围包括中国邮政储蓄银行北京分行、国有商业银行北京市分行、股份制商业银行在京营业机构、北京银行、北京农商银行。

资料来源：中国人民银行营业管理部。

3-48 规模以上文化产业法人单位基本情况(2019年)

各 区	收入合计(亿元)	资产总计(亿元)	平均用工人数(万人)
全 市	**13544.3**	**20198.0**	**61.8**
东城区	1736.4	2573.8	5.8
西城区	972.3	2211.5	7.5
朝阳区	2703.0	4789.2	14.8
丰台区	199.4	329.9	2.2
石景山区	495.7	853.4	2.1
海淀区	6137.4	7654.0	21.5
门头沟区	28.8	81.1	0.2
房山区	90.3	46.2	0.3
通州区	289.4	148.3	1.1
顺义区	174.6	236.5	1.1
昌平区	111.5	164.8	1.0
大兴区	125.9	222.0	1.3
怀柔区	113.6	262.2	0.5
平谷区	47.4	65.4	0.7
密云区	58.4	96.0	0.6
延庆区	26.6	117.7	0.3
北京经济技术开发区	233.6	346.0	0.8

3-49 居民收支情况

单位：元

各区	人均可支配收入			人均消费支出		
	2019	2018	名义增速(%)	2019	2018	名义增速(%)
全市	**67756**	**62361**	**8.7**	**43038**	**39843**	**8.0**
东城区	81592	75547	8.0	52715	49026	7.5
西城区	88291	81678	8.1	53437	49642	7.6
朝阳区	76936	70746	8.8	48174	44849	7.4
丰台区	65215	60144	8.4	43468	40927	6.2
石景山区	76990	71244	8.1	45904	43286	6.0
海淀区	84733	78178	8.4	56630	52910	7.0
门头沟区	53743	49298	9.0	36054	33805	6.7
房山区	42823	39391	8.7	26134	24363	7.3
通州区	44190	40553	9.0	31004	28696	8.0
顺义区	39948	36575	9.2	25024	23118	8.2
昌平区	49669	45399	9.4	35178	32469	8.3
大兴区	47432	43464	9.1	30933	28564	8.3
怀柔区	40067	36797	8.9	27070	25035	8.1
平谷区	38949	36012	8.2	24712	23021	7.3
密云区	38004	34951	8.7	23321	21772	7.1
延庆区	36482	33887	7.7	24652	23023	7.1

3-50 城镇居民收支情况

单位：元

各 区	人均可支配收入			人均消费支出		
	2019	2018	名义增速(%)	2019	2018	名义增速(%)
全 市	**73849**	**67990**	**8.6**	**46358**	**42926**	**8.0**
东 城 区	81592	75547	8.0	52715	49026	7.5
西 城 区	88291	81678	8.1	53437	49642	7.6
朝 阳 区	76936	70746	8.8	48174	44849	7.4
丰 台 区	65215	60144	8.4	43468	40927	6.2
石景山区	76990	71244	8.1	45904	43286	6.0
海 淀 区	84733	78178	8.4	56630	52910	7.0
门头沟区	57892	53227	8.8	38100	36063	5.7
房 山 区	50644	46503	8.9	30589	28337	7.9
通 州 区	53088	48682	9.1	37187	34361	8.2
顺 义 区	47496	43437	9.3	30627	28301	8.2
昌 平 区	54248	49778	9.0	37335	34558	8.0
大 兴 区	56450	51800	9.0	34663	32033	8.2
怀 柔 区	46706	42853	9.0	29886	27642	8.1
平 谷 区	48195	44402	8.5	29424	27182	8.2
密 云 区	47231	43512	8.5	27620	25575	8.0
延 庆 区	48701	44916	8.4	31422	29238	7.5

3-51 普通中学学校基本情况

单位：人

各区	普通中学校数(所)		普通中学招生数		普通中学毕业生数	
	2019	2018	2019	2018	2019	2018
全市	**654**	**644**	**168801**	**148339**	**123734**	**121323**
东城区	41	41	13533	11650	10542	10463
西城区	42	42	18633	15816	13312	13055
朝阳区	92	94	20824	17438	12371	11764
丰台区	47	47	9283	7638	6126	6169
石景山区	23	23	4063	3495	3348	3327
海淀区	81	79	37998	33557	29599	28742
门头沟区	17	16	2486	2317	1914	1959
房山区	50	49	9103	8440	6819	6661
通州区	43	41	10293	8997	6722	6399
顺义区	33	33	9591	8907	7676	7616
昌平区	57	54	8359	7423	6189	6037
大兴区	45	43	8772	7927	6746	6795
怀柔区	19	19	3445	3310	2604	2438
平谷区	19	19	3875	3666	3095	3249
密云区	24	23	5515	5003	4087	4048
延庆区	21	21	3028	2755	2584	2601

注：普通中学统计范围为普通高中和普通初中。

资料来源：北京市教育委员会。

3-51 续表

单位：人

各区	普通中学在校学生数		普通中学教职工人数		普通中学专任教师人数	
	2019	2018	2019	2018	2019	2018
全市	**461579**	**434449**	**91277**	**88974**	**71271**	**68898**
东城区	37250	35600	6574	6540	5627	5630
西城区	49876	46189	7869	7851	6280	6207
朝阳区	54018	48833	14782	13948	11873	11325
丰台区	24175	22143	5601	5542	4663	4343
石景山区	11342	10846	2902	2836	2266	2225
海淀区	106195	100300	15301	14832	11720	11413
门头沟区	7048	6751	1250	1236	942	934
房山区	26472	25008	4433	4348	3554	3472
通州区	27228	25543	4872	4773	3954	3638
顺义区	26387	25827	5305	5163	3850	3757
昌平区	22369	21282	6699	6444	4997	4716
大兴区	24178	22964	6021	5818	4790	4623
怀柔区	9719	9451	2413	2369	1789	1758
平谷区	11229	10720	2702	2759	1663	1625
密云区	15455	14534	2469	2446	1873	1810
延庆区	8638	8458	2084	2069	1430	1422

3–52　小学教育基本情况

单位：人

各　区	小学校数(所)		小学招生数		小学毕业生数	
	2019	2018	2019	2018	2019	2018
全　市	**941**	**970**	**182873**	**184339**	**138968**	**124610**
东城区	51	61	11990	12025	9503	7884
西城区	57	58	18623	18328	12750	10531
朝阳区	73	83	28305	28505	20579	17549
丰台区	75	75	12111	12496	10003	9095
石景山区	28	28	4501	4542	3734	3361
海淀区	85	84	31686	32484	27129	23430
门头沟区	23	23	2546	2647	1777	1724
房山区	108	108	11020	11063	7843	7374
通州区	84	84	13906	14024	9963	9255
顺义区	50	49	9745	9839	7164	6560
昌平区	93	89	11918	11475	8640	8262
大兴区	83	89	13606	13544	8705	8517
怀柔区	18	26	3065	3279	2585	2722
平谷区	46	46	3592	3647	2869	2805
密云区	39	39	3916	4120	3710	3583
延庆区	28	28	2343	2321	2014	1958

资料来源：北京市教育委员会。

3-52 续表

单位：人

各　区	小学在校学生数		小学教职工人数		小学专任教师人数	
	2019	2018	2019	2018	2019	2018
全　市	**941614**	**913216**	**61934**	**61138**	**55758**	**54531**
东城区	61571	59319	5429	5264	5040	4853
西城区	90638	84963	6169	5859	5740	5446
朝阳区	146979	142500	7482	7515	7011	7050
丰台区	64663	65112	4805	4813	4418	4284
石景山区	23459	23096	1352	1346	1193	1184
海淀区	173141	170238	8328	8278	7846	7772
门头沟区	13157	12577	1199	1143	973	923
房山区	54304	52208	3813	3769	3333	3259
通州区	69657	67320	4498	4441	4249	4066
顺义区	50409	48882	3861	3779	3192	3103
昌平区	56609	53999	3988	3937	3568	3434
大兴区	65747	62629	3922	3817	3363	3308
怀柔区	17346	17151	1596	1584	1319	1274
平谷区	19002	18448	2092	2112	1736	1717
密云区	22232	22278	2076	2153	1646	1695
延庆区	12700	12496	1324	1328	1131	1163

3–53 幼儿教育情况

单位：人

各 区	幼儿园数(所)		在园幼儿数		专任教师数	
	2019	2018	2019	2018	2019	2018
全 市	**1733**	**1657**	**467595**	**450645**	**41187**	**38867**
东城区	63	57	17981	17012	2174	2079
西城区	86	82	21962	20721	2443	2268
朝阳区	283	270	84489	82723	7994	7706
丰台区	139	140	41797	42431	3618	3593
石景山区	51	47	14544	14430	1256	1240
海淀区	185	177	67482	66379	5712	5586
门头沟区	36	36	8318	7509	883	822
房山区	120	117	32673	31758	2894	2642
通州区	136	131	29797	26938	2358	2280
顺义区	104	105	29963	29234	2054	1517
昌平区	143	127	37551	32959	3182	2906
大兴区	104	94	36995	35620	2399	2348
怀柔区	77	75	10641	10431	1200	1121
平谷区	79	75	12586	12140	825	846
密云区	77	73	13206	13010	1348	1153
延庆区	50	51	7610	7350	847	760

数据来源：北京市教育委员会。

3-54 公共图书馆情况

各区	个数(个)		总藏数(万册、万件)		总流通人次(万人次)		书刊文献外借册次(万册次)	
	2019	2018	2019	2018	2019	2018	2019	2018
全　市	**24**	**24**	**7048**	**6777**	**2546**	**2449**	**1328**	**1268**
东城区	2	2	160	154	108	103	56	56
西城区	3	3	205	197	216	174	171	146
朝阳区	3	3	1252	1199	659	653	282	277
丰台区	2	2	115	111	49	32	43	35
石景山区	1	1	107	104	159	143	133	91
海淀区	2	2	4208	4064	817	890	237	310
门头沟区	1	1	117	109	3	1	9	4
房山区	2	2	134	148	116	71	62	44
通州区	1	1	81	74	183	151	78	71
顺义区	1	1	103	109	36	43	37	38
昌平区	1	1	76	73	32	28	34	32
大兴区	1	1	105	102	48	41	43	36
怀柔区	1	1	89	79	48	50	41	40
平谷区	1	1	126	111	40	45	73	58
密云区	1	1	98	78	12	12	16	15
延庆区	1	1	72	65	20	12	13	15

资料来源：北京市文化和旅游局、国家图书馆。

3-55 文物局系统内博物馆情况

各　区	个数(个)		文物藏品数(件)		#一级品	
	2019	2018	2019	2018	2019	2018
全　市	**43**	**43**	**1254349**	**1247602**	**786**	**763**
东城区	7	7	5293	5285	30	31
西城区	9	9	1018541	1011904	364	364
朝阳区	2	2	87802	87334	39	15
丰台区	2	2	1534	1534	4	4
石景山区	2	2	460	403		
海淀区	6	6	105618	105679	108	108
门头沟区	1	1	4389	4389		
房山区	2	2	7703	7703	15	15
通州区	1	1	2367	2329		
顺义区	1	1	28	28	28	28
昌平区	3	3	4295	5055	197	197
大兴区						
怀柔区	1	1	1487	1487		
平谷区	2	2	8142	7782		
密云区	1	1	2066	2066		
延庆区	3	3	4624	4624	1	1

资料来源：北京市文物局。

3–55 续表

各　区	参观人次(千人次)		本年收入(万元)	
	2019	2018	2019	2018
全　　市	**10683**	**9916**	**130938**	**116513**
东 城 区	1836	2071	9978	7610
西 城 区	1799	1925	32780	27694
朝 阳 区	769	282	13302	11930
丰 台 区	82	13	2288	2527
石景山区	87	70	2835	1399
海 淀 区	408	432	13990	13211
门头沟区	45	25	770	526
房 山 区	426	246	10935	10155
通 州 区	45	50	846	529
顺 义 区	308	443	899	642
昌 平 区	4271	3958	35277	35429
大 兴 区				
怀 柔 区	10	13	528	500
平 谷 区	26	26	1491	1346
密 云 区	50	15	147	147
延 庆 区	521	347	4872	2868

3-56 档案事业情况

各区	档案馆个数(个)		建筑面积(平方米)		本年利用档案人次(人次)		本年利用现行文件和资料人次(人次)	
	2019	2018	2019	2018	2019	2018	2019	2018
全 市	**18**	**18**	**212864**	**122722**	**146776**	**148511**	**1562**	**1851**
东城区	1	1	4915	4915	11449	11191	24	121
西城区	2	2	14962	18632	17915	19850	31	19
朝阳区	2	1	117868	2880	17990	12749	144	100
丰台区	1	2	2004	22304	5749	10587	12	75
石景山区	1	1	3572	3572	1749	1609	2	5
海淀区	1	1	27956	27280	12866	10166	705	964
门头沟区	1	1	4651	4651	3182	3923	10	11
房山区	1	1	4731	4731	5885	5534	149	161
通州区	1	1	2651	2651	7635	7099	19	27
顺义区	1	1	6750	6750	4766	4303		45
昌平区	1	1	3800	3800	9159	12369		
大兴区	1	1	1968	1968	5495	6554	32	30
怀柔区	1	1	2448	4000	12200	11570	188	110
平谷区	1	1	4280	4280	15259	15919	177	148
密云区	1	1	4636	4636	11002	12211	64	32
延庆区	1	1	5672	5672	4475	2877	5	3

注：本年利用档案、现行文件和资料人次数量，包括利用纸质和电子两种之和。

资料来源：北京市档案局。

3-57 规模以上工业与信息传输、软件和信息技术服务业企业研究与试验发展（R&D）情况

单位：万元

各　区	工业企业研究与试验发展(R&D)经费		信息传输、软件和信息技术服务业研究与试验发展(R&D)经费	
	2019	2018	2019	2018
全　市	**2851858.7**	**2740102.7**	**4074574.9**	**3406527.3**
东城区	16978.4	11699.5	25690.6	3.0
西城区	40299.8	42996.9	54818.4	52841.1
朝阳区	138939.2	130870.8	631052.6	521686.8
丰台区	107185.3	92940.0	51897.4	28797.7
石景山区	39852.3	35441.0	71092.6	23632.1
海淀区	742775.1	713693.1	3090337.3	2692384.1
门头沟区	22144.0	24172.0	1246.8	
房山区	61430.2	59356.9	14213.1	
通州区	123413.2	115904.9	4547.3	
顺义区	228233.7	226605.1	8890.2	6061.0
昌平区	345569.3	332060.4	33312.9	3061.2
大兴区	107593.5	166139.1	9998.3	6815.8
怀柔区	61241.3	52811.5	3426.6	
平谷区	19785.9	13588.8	2945.2	
密云区	42597.1	42732.6	4175.6	
延庆区	12354.1	13288.3		
北京经济技术开发区	741466.3	665801.8	66930.0	71244.5

3-57 续表

单位：人

各 区	工业企业研究与试验发展（R&D）人员数		信息传输、软件和信息技术服务业研究与试验发展(R&D)人员数	
	2019	2018	2019	2018
全 市	**65486**	**69095**	**71733**	**58273**
东 城 区	550	322	780	26
西 城 区	3223	1559	1264	1340
朝 阳 区	3552	3044	11084	10016
丰 台 区	2995	3737	1134	744
石景山区	1119	1319	1664	847
海 淀 区	15046	17526	51618	43084
门头沟区	862	1981	64	
房 山 区	1587	1624	375	
通 州 区	2828	3066	141	
顺 义 区	5971	5773	346	238
昌 平 区	10640	9015	484	144
大 兴 区	3115	3964	729	961
怀 柔 区	1786	1907	96	
平 谷 区	1019	676	70	
密 云 区	1067	2006	137	
延 庆 区	240	473		
北京经济技术开发区	9886	11103	1747	873

3-58 技术市场合同成交情况(2019年)

各　区	合同数 (项)	技术合同成交总额 (万元)
全　市	**83171**	**56952843**
东城区	2863	4770084
西城区	7212	2250406
朝阳区	6618	11598798
丰台区	3830	10057564
石景山区	2784	1009987
海淀区	52720	18993346
门头沟区	171	170344
房山区	300	95854
通州区	716	2135717
顺义区	825	653892
昌平区	1998	1270311
大兴区	2210	3375689
怀柔区	576	224674
平谷区	161	13351
密云区	134	128925
延庆区	53	203901

资料来源：北京技术市场管理办公室。

3–59 专利申请及授权情况(2019年)

单位：件

各 区	专利申请量	#发明专利	专利授权量	#发明专利
全 市	**226113**	**129930**	**131716**	**53127**
东城区	12437	6245	7721	2580
西城区	15887	9915	9650	4876
朝阳区	40219	23949	23665	10070
丰台区	12681	5875	7225	2164
石景山区	6313	3862	2584	805
海淀区	85975	60094	48778	26779
门头沟区	1428	485	819	89
房山区	4501	1688	2188	286
通州区	6270	1508	4070	375
顺义区	7326	1989	5094	722
昌平区	11762	6054	6919	1905
大兴区	15516	6593	9116	1992
怀柔区	2508	844	1643	214
平谷区	1115	268	801	43
密云区	1635	418	1076	202
延庆区	517	141	347	24
其 他	23	2	20	1

资料来源：北京市知识产权局。

3-60 医疗卫生机构数(2019年)

单位：个

各　区	医疗卫生机构	#医院	#社区卫生服务中心(站)	#门诊部	#妇幼保健院(所、站)	#疾病预防控制中心(防疫站)	#专科疾病防治院(所、站)	#诊所、卫生所、医务室、护理站
全　市	**11340**	**745**	**2075**	**1355**	**19**	**29**	**25**	**4300**
东 城 区	554	63	66	85	1	2	3	313
西 城 区	702	49	99	69	1	8	4	449
朝 阳 区	1751	171	276	412	2	2	1	859
丰 台 区	535	78	179	112	1	1	1	136
石景山区	233	24	57	13	1	1	1	130
海 淀 区	1257	94	225	358	1	2	3	545
门头沟区	265	13	41	6	1	1	1	49
房 山 区	1038	36	217	34	3	2	2	220
通 州 区	616	23	98	47	1	1	1	78
顺 义 区	778	19	201	29	1	1	1	311
昌 平 区	1112	82	145	98	1	1	1	522
大 兴 区	823	42	145	76	1	2	1	317
怀 柔 区	483	13	67	6	1	2	1	118
平 谷 区	274	7	149	4	1	1	2	71
密 云 区	574	14	38	1	1	1	1	121
延 庆 区	333	5	72	5	1	1	1	61

注：本表全市数据包含驻京部队医院，分区数据不包含驻京部队医院，所以分区数据相加不等于全市。
资料来源：北京市卫生健康委员会。

3-61 医疗卫生机构人员及卫生条件

单位：人

各 区	医疗卫生机构人员		#卫生技术人员		#执业(助理)医师		#注册护士	
	2019	2018	2019	2018	2019	2018	2019	2018
全 市	**369139**	**351765**	**297259**	**281686**	**115771**	**109376**	**131314**	**123589**
东 城 区	34183	32868	25943	25099	10245	9817	10731	10440
西 城 区	47261	44356	39257	36902	13966	13121	17487	16292
朝 阳 区	71853	67499	55759	52034	22190	21167	24486	22234
丰 台 区	29156	28151	23329	22345	9536	9158	9586	9185
石景山区	10408	10055	8470	8138	3209	3113	3708	3577
海 淀 区	46528	44161	37140	34586	14314	13182	16274	15251
门头沟区	4804	4624	3769	3581	1357	1263	1647	1502
房 山 区	14565	14204	10883	10523	4158	3945	4378	4264
通 州 区	12935	12664	10217	9966	3933	3789	3894	3642
顺 义 区	11449	11418	9050	9015	3916	3862	3419	3350
昌 平 区	22571	21330	17549	16596	6687	6220	7898	7405
大 兴 区	17436	16861	13448	12823	5076	4824	5427	5159
怀 柔 区	4889	4762	3843	3753	1691	1642	1329	1259
平 谷 区	4986	4789	4156	3988	1723	1602	1605	1535
密 云 区	5139	4791	4052	3748	2053	1908	1263	1143
延 庆 区	3380	3226	2743	2583	1194	1113	1054	995

注：本表全市数据除床位数外均包含驻京部队医院情况，分区数据不包含驻京部队医院，所以分区数据相加不等于全市。

资料来源：北京市卫生健康委员会。

3-61 续表

各 区	医疗机构实有床位数（张）		#医 院		每千常住人口执业（助理）医师数（人）		每千常住人口注册护士数（人）		每千常住人口医院床位数（张）	
	2019	2018	2019	2018	2019	2018	2019	2018	2019	2018
全 市	**127111**	**123508**	**119574**	**116279**	**5.38**	**5.08**	**6.10**	**5.74**	**5.55**	**5.40**
东城区	9938	9947	9754	9793	12.90	11.94	13.52	12.70	12.28	11.91
西城区	17411	16368	17361	16318	12.28	11.13	15.38	13.82	15.27	13.84
朝阳区	24487	23669	23388	22615	6.39	5.87	7.05	6.17	6.73	6.27
丰台区	12622	12317	12168	12067	4.71	4.35	4.73	4.36	6.01	5.73
石景山区	4868	4770	4808	4710	5.63	5.28	6.51	6.06	8.44	7.98
海淀区	13546	13261	12764	12486	4.42	3.93	5.03	4.54	3.94	3.72
门头沟区	2981	2990	2486	2473	3.94	3.82	4.79	4.54	7.23	7.47
房山区	6489	6329	5665	5615	3.31	3.32	3.49	3.59	4.51	4.73
通州区	4113	3802	3353	3044	2.35	2.40	2.32	2.31	2.00	1.93
顺义区	3909	3870	3072	3037	3.19	3.30	2.78	2.87	2.50	2.60
昌平区	12237	11817	11972	11512	3.09	2.95	3.65	3.51	5.53	5.46
大兴区	7501	7603	6791	6880	2.69	2.69	2.87	2.87	3.60	3.83
怀柔区	1982	1931	1770	1701	4.01	3.97	3.15	3.04	4.19	4.11
平谷区	2123	1984	1817	1678	3.73	3.51	3.47	3.37	3.93	3.68
密云区	1802	1748	1527	1472	4.08	3.85	2.51	2.31	3.04	2.97
延庆区	1102	1102	878	878	3.34	3.20	2.95	2.86	2.46	2.52

3-62 医院工作情况

各 区	诊疗人次数(千人次)		#门 诊		健康检查人次(千人次)	
	2019	2018	2019	2018	2019	2018
全 市	**172091.1**	**161732.7**	**144317.8**	**138657.1**	**3961.9**	**3733.9**
东 城 区	20463.0	20395.1	19431.5	19381.1	349.3	297.7
西 城 区	28238.8	26420.0	26472.8	24839.0	380.2	369.6
朝 阳 区	28293.7	27165.4	26044.9	25076.6	772.0	897.1
丰 台 区	12269.6	11454.1	11362.2	10658.2	368.7	307.6
石景山区	4482.2	4226.2	4205.5	3973.9	146.1	147.7
海 淀 区	20537.3	19211.4	19357.6	18176.7	589.2	559.6
门头沟区	2758.4	2525.5	2613.1	2388.7	91.8	62.2
房 山 区	6693.5	6528.4	6158.8	6049.0	144.3	136.0
通 州 区	4923.2	5167.9	4477.4	4731.0	98.5	99.6
顺 义 区	4026.9	4108.1	3637.6	3741.5	302.6	202.6
昌 平 区	8194.3	7583.9	7454.1	6914.8	254.2	224.9
大 兴 区	5476.5	5276.0	5024.8	4851.8	159.3	123.2
怀 柔 区	2510.3	2456.5	2272.7	2243.9	106.7	105.7
平 谷 区	1982.8	1955.5	1746.6	1726.9	78.3	66.0
密 云 区	2894.9	2784.6	2604.1	2507.7	84.2	85.5
延 庆 区	1564.0	1501.8	1454.1	1396.4	36.6	48.8

注：本表全市数据包含驻京部队医院情况，分区数据不包含驻京部队医院，所以分区数据相加不等于全市。

资料来源：北京市卫生健康委员会。

3-62 续表

各　区	平均开放病床数(张)		入院人数(千人次)	
	2019	2018	2019	2018
全　市	**115191**	**111873**	**3691.1**	**3396.4**
东城区	9657	9815	434.1	407.6
西城区	16796	15733	725.8	660.7
朝阳区	22478	21954	803.3	737.7
丰台区	11759	11263	283.5	250.6
石景山区	4806	4585	116.1	110.2
海淀区	12014	11670	492.9	439.6
门头沟区	2481	2471	46.9	41.0
房山区	5586	5600	132.7	129.5
通州区	3063	2934	96.3	87.3
顺义区	2775	2697	67.4	63.4
昌平区	11471	11030	164.7	152.2
大兴区	6559	6476	170.2	164.2
怀柔区	1650	1681	39.1	37.7
平谷区	1728	1647	52.4	51.7
密云区	1516	1472	41.4	39.9
延庆区	853	846	24.2	23.1

3-63 社区卫生服务机构情况(2019年)

各 区	社区卫生服务机构卫生技术人员数(人)	#全科医生	#社区护士	总诊疗人次数(千人次)	#门 诊	#急 诊
全 市	**32818**	**5122**	**10333**	**68294.8**	**67424.9**	**410.8**
东城区	1262	366	492	2712.9	2702.6	0.01
西城区	1882	260	674	3869.5	3841.8	0.02
朝阳区	5472	523	1784	13907.6	13733.6	110.7
丰台区	3765	494	1178	9538.0	9517.8	0.1
石景山区	930	145	334	2610.7	2589.9	18.8
海淀区	4108	607	1336	9017.3	8684.6	143.2
门头沟区	610	116	204	989.2	965.7	2.1
房山区	1908	363	535	4437.6	4395.9	16.3
通州区	2639	409	818	4835.2	4834.1	
顺义区	1982	201	563	2870.6	2848.0	11.3
昌平区	1690	337	621	3262.0	3228.6	19.2
大兴区	2790	406	938	3671.8	3613.6	52.1
怀柔区	808	188	199	1343.9	1292.4	1.1
平谷区	1083	250	180	1571.5	1568.4	
密云区	1097	255	290	2352.8	2335.8	14.1
延庆区	792	202	187	1304.1	1272.0	21.6

资料来源：北京市卫生健康委员会。

3-64 社会组织情况

单位：个

各 区	2019	2018
全 市	**12849**	**12530**
市本级	**4376**	**4267**
东 城 区	688	681
西 城 区	709	724
朝 阳 区	1049	1017
丰 台 区	492	493
石景山区	339	323
海 淀 区	951	953
门头沟区	196	199
房 山 区	522	514
通 州 区	403	349
顺 义 区	398	390
昌 平 区	566	541
大 兴 区	577	572
怀 柔 区	474	465
平 谷 区	493	453
密 云 区	369	332
延 庆 区	247	257

注：社会组织包含社会团体、民办非企业单位、基金会。

资料来源：中共北京市委社会工作委员会北京市民政局。

3-65 体育场地情况(2013年)

单位：个

各　区	体育场地数	#体育场	#体育馆	#游泳场馆	#各种训练房
全　市	**20075**	**131**	**70**	**590**	**2836**
东城区	698	3	2	57	197
西城区	1058	7	4	47	170
朝阳区	2600	9	7	188	408
丰台区	1275	4	3	31	192
石景山区	213	2	5	12	27
海淀区	2399	36	22	59	170
门头沟区	464		1	3	63
房山区	1545	9	4	11	86
通州区	950	14	5	18	53
顺义区	2285	10	5	51	567
昌平区	2143	10	5	72	465
大兴区	1449	20		24	179
怀柔区	757	2	1	6	90
平谷区	794	1	1	3	96
密云区	770	1	4	3	42
延庆区	675	3	1	5	31

注：本表数据为第六次全国体育场地普查数据（时点为2013年12月31日）。自2013年开始，体育场地数据不再按年度进行统计，数据将于第七次体育场地普查结束后更新。

资料来源：北京市体育局。

3-66　北京地区社会保险情况(2019年)

单位：人

各　区	参加企业职工基本养老保险人数	#参加企业职工基本养老保险职工人数	参加职工基本医疗保险人数	#参加职工基本医疗保险职工人数	参加失业保险人数
全　市	**16516233**	**13845932**	**16825174**	**13764505**	**12947809**
东城区	1516734	1235957	1639616	1245522	1157861
西城区	1981883	1530646	2148409	1560064	1439739
朝阳区	3639168	3130945	3821730	3252406	2855034
丰台区	1018606	800103	1105197	837432	750274
石景山区	476695	337408	504743	354519	316296
海淀区	2975946	2675148	3229590	2823089	2553152
门头沟区	242591	178754	250845	179296	168554
房山区	406285	317014	452309	349308	322424
通州区	592132	511207	621901	528775	468196
顺义区	682415	615671	630588	552604	555570
昌平区	531217	458226	590013	501886	434994
大兴区	587061	504457	584206	486880	453163
怀柔区	234092	212858	241658	211953	202161
平谷区	224198	190390	226995	183829	179499
密云区	225793	195670	244503	203855	186038
延庆区	101893	81002	126497	97306	83743
北京经济技术开发区	487167	478025	406374	395781	409999
其　他	592357	392451			411112

注：表中“其他”分组指社会保险代办机构。
资料来源：北京市人力资源和社会保障局、北京市医疗保障局。

3-67 收养性单位、社区服务情况(2019年)

各区	收养性单位数(个)	收养性单位床位数(张)	社区服务机构数(个)	#社区服务中心数
全市	**591**	**115476**	**12128**	**204**
市本级	**19**	**9559**	**149**	
东城区	19	1152	523	17
西城区	33	3361	786	15
朝阳区	75	15898	1241	38
丰台区	42	10079	751	16
石景山区	18	3903	421	9
海淀区	61	11024	1126	24
门头沟区	12	1518	601	5
房山区	52	8735	760	13
通州区	22	6042	738	6
顺义区	19	2368	968	25
昌平区	59	17117	701	8
大兴区	35	7303	742	10
怀柔区	19	2236	962	7
平谷区	38	5702	406	6
密云区	38	5199	780	2
延庆区	30	4280	473	3

资料来源：中共北京市委社会工作委员会北京市民政局。

3-68 社会救助对象情况(2019年)

单位：人

各区	社会救助对象总人数	城市居民最低生活保障人数	农村居民最低生活保障人数	农村集中五保供养人数	农村分散五保供养人数	城市集中特困供养人数	城市分散特困供养人数
全市	**109742**	**65423**	**37671**	**1587**	**3751**	**600**	**710**
东城区	10041	9798				67	176
西城区	13455	13280				143	32
朝阳区	10319	9980	277	16			46
丰台区	9006	8733	140	23	2	57	51
石景山区	6931	6757				98	76
海淀区	5090	4881	60	29	1	53	66
门头沟区	6825	4679	1706	76	271	17	76
房山区	6574	1425	4491	160	458	12	28
通州区	5193	1385	3404	105	230	31	38
顺义区	3971	395	3295	101	122	45	13
昌平区	2507	723	1675	70	17	13	9
大兴区	2285	757	1380	67	51	21	9
怀柔区	5260	592	3341	185	1081	9	52
平谷区	4835	473	4081	162	106	4	9
密云区	12826	1173	10563	498	555	16	21
延庆区	4624	392	3258	95	857	14	8

资料来源：中共北京市委社会工作委员会北京市民政局。

3-69 婚姻登记情况

各 区	登记结婚人数(人)		初婚人数(人)		再婚人数(人)		#女 性		离婚登记对数(对)	
	2019	2018	2019	2018	2019	2018	2019	2018	2019	2018
全 市	**257918**	**275636**	**141528**	**169157**	**116390**	**106479**	**57306**	**51902**	**76358**	**66616**
东城区	18636	20102	11544	12938	7092	7164	3359	3400	4866	4637
西城区	30018	32420	17616	20734	12402	11686	5990	5614	8078	7336
朝阳区	40660	44216	22015	26442	18645	17774	9049	8473	12068	11024
丰台区	20062	17714	8814	10177	11248	7537	5588	3650	7456	5077
石景山区	6914	7520	3486	4290	3428	3230	1685	1554	2323	2178
海淀区	46028	52426	30207	36379	15821	16047	7582	7609	11200	10615
门头沟区	3860	4144	2058	2381	1802	1763	905	878	1191	1092
房山区	14604	15394	7124	8883	7480	6511	3781	3279	4484	3914
通州区	13988	15682	7388	9341	6600	6341	3261	3128	4150	3716
顺义区	13292	14418	6347	8076	6945	6342	3473	3189	4098	3647
昌平区	11094	11568	5430	6512	5664	5056	2812	2466	3777	3236
大兴区	13744	14676	7317	8663	6427	6013	3182	2986	4719	3672
怀柔区	4744	5098	2504	3138	2240	1960	1145	984	1411	1171
平谷区	7940	7766	3696	4310	4244	3456	2190	1798	2703	2034
密云区	7830	7718	3548	4063	4282	3655	2220	1881	2540	2025
延庆区	4504	4774	2434	2830	2070	1944	1084	1013	1294	1242

注：离婚登记对数不含法院判离数。

资料来源：中共北京市委社会工作委员会北京市民政局。

3-70　基层法律服务所主要工作情况

各　区	担任法律顾问（家）		代理诉讼事务（件）		代理非诉讼事务（件）		解答法律询问（人次）	
	2019	2018	2019	2018	2019	2018	2019	2018
全　市	**238**	**308**	**4606**	**3779**	**784**	**753**	**14009**	**16754**
东 城 区	13	16	81	97	106	24	310	697
西 城 区	22	19	178	169	131	72	3863	538
朝 阳 区	1	1	16	32	2	2	185	185
丰 台 区		35	73	243		40	227	3065
石景山区	4	4	45	48	16	32	275	265
海 淀 区	25	23	30	22	18	15	136	92
门头沟区	1	1	87	47			424	417
房 山 区	51	104	401	91	48	98	1035	126
通 州 区	79	47	796	802	24		110	2132
顺 义 区	3	2	109	138	10	2	247	164
昌 平 区	8	6	141	58	23	15	665	372
大 兴 区	13	35	7	70		28	55	183
怀 柔 区			238	245			693	560
平 谷 区	18	15	101	161	14		425	700
密 云 区								
延 庆 区			2303	1556	392	425	5359	7258

资料来源：北京市司法局。

3-71 公证处总办证量情况(2019年)

单位：件

各区	总办证量	国内公证业务	涉外公证业务	涉港澳公证业务	涉台公证业务
全市	**745372**	**417048**	**323187**	**2754**	**2383**
东城区	328611	162945	162294	1508	1864
西城区	201914	147252	53694	449	519
朝阳区	22232	12555	9570	107	
丰台区	12931	7250	5610	71	
石景山区	13146	5301	7845		
海淀区	117222	48242	68429	551	
门头沟区	2115	1667	447	1	
房山区	6249	4272	1974	3	
通州区	11750	8011	3718	21	
顺义区	4867	2585	2253	29	
昌平区	1163	368	789	6	
大兴区	15675	10700	4968	7	
怀柔区	3529	2755	774		
平谷区	2240	1973	267		
密云区	1446	1010	435	1	
延庆区	282	162	120		

资料来源：北京市司法局。

3-72 刑事案件立案及破案情况

单位：起

各　区	刑事案件立案数		刑事案件破案数	
	2019	2018	2019	2018
全　　市	**138291**	**138696**	**81755**	**74857**
东 城 区	4810	4357	2549	1716
西 城 区	5501	5168	3212	2941
朝 阳 区	32861	33396	21235	20330
丰 台 区	12724	12937	6947	6463
石景山区	2456	2086	1415	1161
海 淀 区	20760	20416	14971	15734
门头沟区	1181	1522	486	477
房 山 区	6632	6906	3965	3870
通 州 区	10548	10549	5031	4350
顺 义 区	9931	8644	4589	3201
昌 平 区	12599	14607	4824	3855
大 兴 区	8605	8614	4834	3561
怀 柔 区	1015	1077	760	767
平 谷 区	1734	1900	1226	1275
密 云 区	1611	1552	1079	1047
延 庆 区	1114	1116	653	566
其　　他	4209	3849	3979	3543

资料来源：北京市公安局。

3–73 火灾事故情况(2019年)

各　区	火灾事故起数(起)	火灾事故死亡人数(人)	火灾事故直接经济损失额(万元)
全　市	**3040**	**27**	**7175.2**
东城区	105		228.8
西城区	48	3	118.5
朝阳区	567	8	366.9
丰台区	273	2	250.8
石景山区	34		53.4
海淀区	343	2	764.5
门头沟区	44		40.3
房山区	256	4	532.1
通州区	192	1	3050.4
顺义区	171		195.3
昌平区	396	1	884.7
大兴区	257	3	256.9
怀柔区	78		113.1
平谷区	100		117.3
密云区	88		56.8
延庆区	77	3	123.3
其　他	11		22.4

资料来源：北京市消防总队。

3-74 交通事故情况(2019年)

各 区	交通事故起数(起)	交通事故死亡人数(人)	交通事故直接经济损失(万元)
全 市	**3110**	**1258**	**3528.0**
东城区	93	15	16.4
西城区	129	18	135.6
朝阳区	271	156	111.3
丰台区	218	67	107.9
石景山区	105	19	238.5
海淀区	195	72	187.0
门头沟区	60	17	43.8
房山区	216	113	98.0
通州区	444	161	390.6
顺义区	374	167	1302.6
昌平区	263	94	210.2
大兴区	301	131	201.9
怀柔区	65	49	23.5
平谷区	99	47	60.5
密云区	168	76	322.8
延庆区	94	49	70.8
其 他	15	7	6.6

资料来源：北京市公安局公安交通管理局。

3-75 生产安全情况(2019年)

各　区	生产安全事故数 (起)	生产安全死亡人数 (人)
全　市	**82**	**86**
东城区	1	1
西城区	3	3
朝阳区	11	11
丰台区	7	7
石景山区	5	5
海淀区	11	11
门头沟区	2	2
房山区	8	8
通州区	4	5
顺义区	3	6
昌平区	5	5
大兴区	11	11
怀柔区	1	1
平谷区	5	5
密云区	2	2
延庆区	2	2
北京经济技术开发区	1	1

资料来源：北京市应急管理局。

3-76 污水处理情况(2019年)

各 区	污水处理厂(站)数 (座)	污水排放量 (万立方米)	污水处理量 (万立方米)
全 市	**1117**	**211209**	**199678**
城六区	**69**	**136884**	**135925**
门头沟区	164	2098	1857
房 山 区	99	10946	8962
通 州 区	112	11774	9922
顺 义 区	64	9979	8292
昌 平 区	103	13875	12035
大 兴 区	16	8845	7321
怀 柔 区	165	3445	3036
平 谷 区	32	3287	2849
密 云 区	238	2385	1975
延 庆 区	52	1908	1722
北京经济技术开发区	3	5783	5783

资料来源：北京市水务局。

3-77 城市环境基本情况(2019年)

各　区	二氧化硫(SO_2)年均浓度值(微克/立方米)	二氧化氮(NO_2)年均浓度值(微克/立方米)	可吸入颗粒物年均浓度值(微克/立方米)	细颗粒物($PM_{2.5}$)年均浓度值(微克/立方米)	林木绿化率(%)
全　市	**4**	**37**	**68**	**42**	**62.0**
东城区	4	38	68	44	19.1
西城区	4	40	70	44	14.6
朝阳区	5	41	71	43	27.8
丰台区	4	36	71	42	40.4
石景山区	4	39	71	43	41.4
海淀区	4	38	66	40	40.8
门头沟区	4	30	65	36	71.2
房山区	4	32	73	42	63.3
通州区	5	42	78	46	37.0
顺义区	4	31	64	41	38.3
昌平区	4	29	63	37	67.0
大兴区	4	40	79	44	32.8
怀柔区	3	22	53	35	80.5
平谷区	3	24	60	40	71.9
密云区	3	22	55	34	73.6
延庆区	5	29	63	37	72.5

资料来源：北京市生态环境局、北京市园林绿化局。

3-78　垃圾处理情况(2019年)

各　区	垃圾无害化处理场(厂)个数 (个)	生活垃圾转运站个数 (个)	生活垃圾无害化处理量 (万吨)	生活垃圾无害化处理率(按垃圾清运量计算) (%)
全　市	**40**	**9**	**1010.91**	**99.98**
东 城 区			41.85	100.00
西 城 区			52.19	100.00
朝 阳 区	4	2	208.36	100.00
丰 台 区	3	2	112.70	100.00
石景山区		1	17.06	100.00
海 淀 区	3	1	103.47	100.00
门头沟区	3	1	14.40	100.00
房 山 区	2	1	58.42	100.00
通 州 区	4	1	86.13	99.79
顺 义 区	3		54.70	100.00
昌 平 区	3		85.18	100.00
大 兴 区	4		99.95	99.97
平 谷 区	2		18.20	100.00
怀 柔 区	3		21.10	99.81
密 云 区	3		21.88	100.00
延 庆 区	3		15.32	100.00

资料来源：北京市城市管理委员会。

3-79 民用汽车拥有量(2019年)

单位：辆

各　区	民用汽车拥有量	#私人汽车
全　市	**5908018**	**4974489**
东城区	566967	423463
西城区	474406	410738
朝阳区	1062914	908729
丰台区	568890	491400
石景山区	156321	135261
海淀区	952989	843132
门头沟区	71545	59116
房山区	260722	222257
通州区	341524	283881
顺义区	278164	222162
昌平区	424427	373373
大兴区	375690	302239
怀柔区	93793	74062
平谷区	107131	82118
密云区	98349	81023
延庆区	74186	61535

资料来源：北京市公安局公安交通管理局。

3-80 备案停车场情况(2019年)

单位：个

各 区	备案停车场个数	备案停车场车位总数
全 市	**5402**	**1703607**
东城区	325	51447
西城区	596	118744
朝阳区	594	185470
丰台区	1112	362018
石景山区	213	62685
海淀区	975	240266
门头沟区	66	14385
房山区	262	100638
通州区	261	91955
顺义区	78	23106
昌平区	290	140974
大兴区	361	167595
怀柔区		14032
平谷区	32	9836
密云区	34	10172
延庆区	36	12315
北京经济技术开发区	167	97969

资料来源：北京市交通委员会。

2020

北京区域统计年鉴

第四章

BEIJING AREA STATISTICAL YEARBOOK

开发区

简要说明

一、本章资料的主要内容

本章资料包括3个国家级开发区及16个北京市级开发区的规划面积、产值、利润、从业人员等主要指标情况。

二、本章资料的数据来源

本章资料主要由北京市统计局提供，4-2表由北京经济技术开发区统计局提供。

三、本章资料的统计范围情况

本章资料包括3个国家级开发区（北京经济技术开发区、中关村国家自主创新示范区、北京天竺综合保税区）和16个北京市级开发区的主要情况。

2012年底，国务院批复了中关村国家自主创新示范区空间规模和布局调整的方案，从2013年起，中关村国家自主创新示范区中部分园区的空间规模和布局进行了扩大调整，其中，昌平园和西城园规划面积变化较大，平谷园、门头沟园、房山园、顺义园、密云园、怀柔园和延庆园7个园区纳入中关村国家自主创新示范区统计范围。

北京市开发区情况框架图

开发区	国家级（3个）	北京经济技术开发区
		中关村国家自主创新示范区
		中关村国家自主创新示范区海淀园
		中关村国家自主创新示范区丰台园
		中关村国家自主创新示范区昌平园
		中关村国家自主创新示范区朝阳园
		中关村国家自主创新示范区亦庄园
		中关村国家自主创新示范区西城园
		中关村国家自主创新示范区东城园
		中关村国家自主创新示范区石景山园
		中关村国家自主创新示范区通州园
		中关村国家自主创新示范区大兴园
		中关村国家自主创新示范区平谷园
		中关村国家自主创新示范区门头沟园
		中关村国家自主创新示范区房山园
		中关村国家自主创新示范区顺义园
		中关村国家自主创新示范区密云园
		中关村国家自主创新示范区怀柔园
		中关村国家自主创新示范区延庆园
		北京天竺综合保税区
	市级（16个）	北京石龙经济开发区
		北京良乡经济开发区
		北京大兴经济开发区
		北京通州经济开发区
		北京雁栖经济开发区
		北京兴谷经济开发区
		北京密云经济开发区
		北京八达岭经济开发区
		北京永乐经济开发区
		北京延庆经济开发区
		北京昌平小汤山工业园区
		北京采育经济开发区
		北京房山工业园区
		北京马坊工业园区
		北京临空经济核心区
		北京顺义科技创新产业功能区

注：1.开发区情况截止到2019年末。

2.自2018年年报开始，市级开发区统计范围取消“北京林河经济开发区”和“北京天竺空港经济开发区”，增加“北京临空经济核心区”和“北京顺义科技创新产业功能区”。

4-1 开发区基本情况(2019年)

项目		国家级	市级
开发区个数	(个)	3	16
区规划总面积	(公顷)	45682.9	10462.0
累计已开发土地面积	(公顷)	33236.9	7791.3
累计已供应土地面积	(公顷)	30439.5	6086.1
累计已建成城镇建设用地面积	(公顷)	26399.5	5657.0
累计招商项目企业个数	(个)	85067	33098
累计招商项目总投资	(亿元)	37931.7	9266.0
累计招商项目注册资本	(亿元)	35937.6	9523.6
#三资企业	(亿元)	4122.3	805.9
累计招商项目合同外资金额	(亿美元)	478.8	72.5
累计招商项目外商实际投资	(亿美元)	368.2	67.9
总收入	(亿元)	73700.0	10171.4
工业总产值	(亿元)	12692.2	1942.6
利润总额	(亿元)	4369.1	887.7
应缴税金	(亿元)	2134.0	303.7

注：1.本表中的开发区包括国家级及北京市市级开发区情况。

2.表内“累计”指自开始至2019年末的累计数。

3.本表市级开发区“总收入”“工业总产值”“利润总额”和“应缴税金”数据的统计范围为注册在开发区内的规模（限额）以上法人单位。

4-2 北京经济技术开发区主要指标

项　　目		2019	2018
规划面积	(公顷)	5960.0	5960.0
开发区生产总值	(亿元)	1932.8	1509.5
工业总产值（当年价格）	(亿元)	4125.2	3841.2
#高新技术产业	(亿元)	3431.4	3182.1
销售(营业)收入	(亿元)	13372.0	11111.9
利润总额	(亿元)	665.4	599.7
进出口总值	(亿美元)	195.8	192.9
出　口	(亿美元)	57.3	63.5
进　口	(亿美元)	138.5	129.4
一般公共预算收入	(亿元)	270.0	257.3
一般公共预算支出	(亿元)	226.9	205.7
实际利用外资	(亿美元)	5.6	5.4
固定资产投资增速	(%)	-6.6	-6.4
从业人员期末人数	(人)	376819	348075

注：工业总产值、销售(营业)收入和利润总额指标的统计范围是规模(限额)以上法人单位（下同）。

4–3 中关村国家自主创新示范区主要指标

项目		2019	2018
土地开发情况			
规划总面积	（公顷）	41854.3	42799.3
累计已开发土地面积	（公顷）	30450.8	30083.8
累计已供应土地面积	（公顷）	25708.5	25441.3
累计已建成城镇建设用地	（公顷）	24862.2	24578.9
投产、入资情况			
投产（开业）企业个数	（个）	24892	22110
#高新技术企业	（个）	13208	12020
#工业企业	（个）	2861	3355
#三资企业	（个）	1409	1354
注册资本	（亿元）	2695.7	2764.7
合同外资金额	（亿美元）	64.6	26.4
外商实际投资	（亿美元）	49.5	14.1
企业经营活动情况			
工业总产值	（亿元）	11886.7	11129.1
总收入	（亿元）	66422.2	58830.9
#技术收入	（亿元）	13450.8	11174.3
利润总额	（亿元）	4182.6	4413.3
#高新技术企业	（亿元）	1664.0	2140.0
应缴税金总额	（亿元）	2014.6	2842.0
从业人员期末人数	（人）	2809570	2720575

4-3 续表

项目		2019	2018
研发活动情况			
研究开发人员合计	(人)	863167	784720
#全职人员	(人)	805295	736800
研究开发费用合计	(亿元)	3400.1	2749.4
#人员人工费用	(亿元)	1899.0	1520.0
委托外部研究开发费用	(亿元)	310.5	205.3
#委托境外机构	(亿元)	12.4	8.1
企业科技活动产出情况			
专利情况			
当年专利申请数	(件)	115198	102717
#发明专利	(件)	70760	64946
期末有效发明专利数	(件)	170772	141486
当年专利授权数	(件)	61221	56374
论文、著作情况			
发表科技论文	(篇)	21120	15818
技术改造和技术获取情况			
技术改造经费支出	(亿元)	21.3	25.4
引进境外技术经费支出	(亿元)	16.2	11.7
引进境外技术的消化吸收经费支出	(亿元)	0.7	1.1
购买境内技术经费支出	(亿元)	18.2	19.9

4-3 续表1 海淀园主要指标

项　　目		2019	2018
规划总面积	（公顷）	17430.6	17430.6
累计已开发土地面积	（公顷）	14176.4	14136.0
累计已供应土地面积	（公顷）	13906.2	13880.0
累计已建成城镇建设用地	（公顷）	13428.7	13381.1
投产（开业）企业个数	（个）	12331	11354
#高新技术企业	（个）	6234	6424
#工业企业	（个）	641	829
#三资企业	（个）	662	629
注册资本	（万元）	11572508	13706898
合同外资金额	（万美元）	391023	165612
外商实际投资	（万美元）	248833	105121
工业总产值	（亿元）	2453.1	2412.4
总收入	（亿元）	27459.4	23978.5
#技术收入	（亿元）	7491.0	6065.5
利润总额	（亿元）	1455.0	1355.2
#高新技术企业	（亿元）	584.4	898.6
应缴税金总额	（亿元）	773.3	904.7
从业人员期末人数	（人）	1302150	1275410
研究开发人员合计	（人）	476329	437547
研究开发费用合计	（亿元）	1796.9	1477.8
当年专利申请数	（个）	57197	48946
当年专利授权数	（个）	29125	25474

4-3　续表2 丰台园主要指标

项　　目		2019	2018
规划总面积	(公顷)	818.0	1763.0
累计已开发土地面积	(公顷)	470.0	374.8
累计已供应土地面积	(公顷)	426.2	239.4
累计已建成城镇建设用地	(公顷)	415.2	205.3
投产(开业)企业个数	(个)	1900	1744
#高新技术企业	(个)	926	797
#工业企业	(个)	201	247
#三资企业	(个)	50	52
注册资本	(万元)	6527149	2400000
合同外资金额	(万美元)	1449	4500
外商实际投资	(万美元)	1449	4500
工业总产值	(亿元)	425.1	434.6
总收入	(亿元)	6272.8	5731.7
#技术收入	(亿元)	825.7	712.6
利润总额	(亿元)	387.1	346.9
#高新技术企业	(亿元)	108.6	120.7
应缴税金总额	(亿元)	134.8	157.7
从业人员期末人数	(人)	198003	196352
研究开发人员合计	(人)	47803	43135
研究开发费用合计	(亿元)	227.3	173.9
当年专利申请数	(个)	6828	5952
当年专利授权数	(个)	3536	3062

4-3 续表3 昌平园主要指标

项　　目		2019	2018
规划总面积	(公顷)	5140.3	5140.3
累计已开发土地面积	(公顷)	2742.8	2742.8
累计已供应土地面积	(公顷)	2492.7	2492.7
累计已建成城镇建设用地	(公顷)	1954.2	1954.2
投产(开业)企业个数	(个)	3101	3072
#高新技术企业	(个)	1297	1066
#工业企业	(个)	564	716
#三资企业	(个)	126	129
注册资本	(万元)	707730	872744
合同外资金额	(万美元)	3430	2244
外商实际投资	(万美元)	3430	2244
工业总产值	(亿元)	1063.4	984.1
总收入	(亿元)	4570.0	4286.3
#技术收入	(亿元)	328.2	266.0
利润总额	(亿元)	258.2	324.8
#高新技术企业	(亿元)	66.3	71.8
应缴税金总额	(亿元)	148.9	223.7
从业人员期末人数	(人)	170364	170857
研究开发人员合计	(人)	53769	46299
研究开发费用合计	(亿元)	184.1	157.2
当年专利申请数	(个)	6349	7346
当年专利授权数	(个)	4028	4723

4-3 续表4 朝阳园主要指标

项　　目		2019	2018
规划总面积	(公顷)	2610.0	2610.0
累计已开发土地面积	(公顷)	1471.9	1471.9
累计已供应土地面积	(公顷)	1447.1	1447.1
累计已建成城镇建设用地	(公顷)	1067.4	1061.5
投产(开业)企业个数	(个)	1772	1362
#高新技术企业	(个)	1171	875
#工业企业	(个)	126	151
#三资企业	(个)	178	156
注册资本	(万元)	1364690	1709141
合同外资金额	(万美元)		
外商实际投资	(万美元)		
工业总产值	(亿元)	469.5	466.1
总收入	(亿元)	6889.0	6362.3
#技术收入	(亿元)	1890.0	1534.5
利润总额	(亿元)	424.8	593.0
#高新技术企业	(亿元)	160.7	363.5
应缴税金总额	(亿元)	174.5	547.1
从业人员期末人数	(人)	262035	260455
研究开发人员合计	(人)	80156	73592
研究开发费用合计	(亿元)	341.9	263.5
当年专利申请数	(个)	15999	16336
当年专利授权数	(个)	8662	7594

4-3 续表5 亦庄园主要指标

项　　目		2019	2018
规划总面积	(公顷)	2678.0	2678.0
累计已开发土地面积	(公顷)	2678.0	2678.0
累计已供应土地面积	(公顷)		
累计已建成城镇建设用地	(公顷)	2678.0	2678.0
投产(开业)企业个数	(个)	1051	844
#高新技术企业	(个)	680	549
#工业企业	(个)	286	307
#三资企业	(个)	131	143
注册资本	(万元)		
合同外资金额	(万美元)		
外商实际投资	(万美元)		
工业总产值	(亿元)	3431.4	3171.8
总收入	(亿元)	6280.1	5519.8
#技术收入	(亿元)	366.5	306.3
利润总额	(亿元)	519.9	491.3
#高新技术企业	(亿元)	155.1	151.1
应缴税金总额	(亿元)	362.8	453.7
从业人员期末人数	(人)	194562	202758
研究开发人员合计	(人)	45413	43889
研究开发费用合计	(亿元)	201.4	184.1
当年专利申请数	(个)	6926	4967
当年专利授权数	(个)	3249	3006

4-3 续表6 西城园主要指标

项　　目		2019	2018
规划总面积	（公顷）	1000	1000
累计已开发土地面积	（公顷）	1000	1000
累计已供应土地面积	（公顷）	1000	1000
累计已建成城镇建设用地	（公顷）	1000	1000
投产（开业）企业个数	（个）	835	669
#高新技术企业	（个）	462	364
#工业企业	（个）	36	46
#三资企业	（个）	24	20
注册资本	（万元）	1606819	4135939
合同外资金额	（万美元）	8323	741
外商实际投资	（万美元）	8323	741
工业总产值	（亿元）	1240.3	1200.0
总收入	（亿元）	3371.2	3112.0
#技术收入	（亿元）	351.5	331.4
利润总额	（亿元）	312.9	305.7
#高新技术企业	（亿元）	171.8	124.3
应缴税金总额	（亿元）	97.7	125.7
从业人员期末人数	（人）	116410	106685
研究开发人员合计	（人）	33881	26698
研究开发费用合计	（亿元）	104.1	80.9
当年专利申请数	（个）	3532	3081
当年专利授权数	（个）	2256	2575

4-3 续表7 东城园主要指标

项　目		2019	2018
规划总面积	（公顷）	603.0	603.0
累计已开发土地面积	（公顷）	288.8	288.8
累计已供应土地面积	（公顷）		
累计已建成城镇建设用地	（公顷）	288.8	288.8
投产（开业）企业个数	（个）	490	435
#高新技术企业	（个）	297	268
#工业企业	（个）	14	17
#三资企业	（个）	30	25
注册资本	（万元）	82102	265337
合同外资金额	（万美元）		
外商实际投资	（万美元）		
工业总产值	（亿元）	64.7	16.7
总收入	（亿元）	3036.6	2600.6
#技术收入	（亿元）	1041.1	904.4
利润总额	（亿元）	246.2	238.5
#高新技术企业	（亿元）	55.0	59.7
应缴税金总额	（亿元）	46.2	99.2
从业人员期末人数	（人）	91780	88262
研究开发人员合计	（人）	22562	21852
研究开发费用合计	（亿元）	109.2	82.4
当年专利申请数	（个）	2420	1329
当年专利授权数	（个）	856	650

4-3 续表8 石景山园主要指标

项　　目		2019	2018
规划总面积	(公顷)	1334.0	1334.0
累计已开发土地面积	(公顷)	400.0	222.0
累计已供应土地面积	(公顷)	400.0	395.0
累计已建成城镇建设用地	(公顷)	133.4	133.4
投产(开业)企业个数	(个)	837	722
#高新技术企业	(个)	429	351
#工业企业	(个)	43	63
#三资企业	(个)	41	34
注册资本	(万元)	574330	3387029
合同外资金额	(万美元)	1700	62269
外商实际投资	(万美元)	1700	
工业总产值	(亿元)	86.1	90.2
总收入	(亿元)	2613.2	2364.2
#技术收入	(亿元)	457.2	465.7
利润总额	(亿元)	309.8	415.1
#高新技术企业	(亿元)	83.6	75.1
应缴税金总额	(亿元)	74.7	94.1
从业人员期末人数	(人)	94214	89462
研究开发人员合计	(人)	27768	24045
研究开发费用合计	(亿元)	143.3	95.3
当年专利申请数	(个)	3309	2620
当年专利授权数	(个)	1149	1177

4-3 续表9 通州园主要指标

项　　目		2019	2018
规划总面积	（公顷）	3434.6	3434.6
累计已开发土地面积	（公顷）	2323.4	2323.4
累计已供应土地面积	（公顷）	1973.9	1971.2
累计已建成城镇建设用地	（公顷）	1284.6	1284.6
投产（开业）企业个数	（个）	417	331
#高新技术企业	（个）	322	246
#工业企业	（个）	192	202
#三资企业	（个）	35	36
注册资本	（万元）	188667	189590
合同外资金额	（万美元）	1181	1258
外商实际投资	（万美元）	1108	1258
工业总产值	（亿元）	297.9	309.7
总收入	（亿元）	948.3	796.4
#技术收入	（亿元）	223.0	196.6
利润总额	（亿元）	48.0	53.3
#高新技术企业	（亿元）	45.8	43.6
应缴税金总额	（亿元）	28.6	36.9
从业人员期末人数	（人）	47249	46245
研究开发人员合计	（人）	12096	10359
研究开发费用合计	（亿元）	52.1	39.2
当年专利申请数	（个）	1672	1492
当年专利授权数	（个）	1044	977

4-3 续表10 大兴园主要指标

项 目		2019	2018
规划总面积	（公顷）	1124.7	1124.7
累计已开发土地面积	（公顷）	710.2	710.2
累计已供应土地面积	（公顷）	573.4	559.0
累计已建成城镇建设用地	（公顷）	354.5	345.3
投产（开业）企业个数	（个）	377	289
#高新技术企业	（个）	258	215
#工业企业	（个）	162	170
#三资企业	（个）	15	15
注册资本	（万元）	57913	70448
合同外资金额	（万美元）		2060
外商实际投资	（万美元）		2060
工业总产值	（亿元）	372.5	411.6
总收入	（亿元）	854.2	713.6
#技术收入	（亿元）	55.1	47.9
利润总额	（亿元）	55.7	50.8
#高新技术企业	（亿元）	50.7	42.1
应缴税金总额	（亿元）	27.8	37.5
从业人员期末人数	（人）	45705	48611
研究开发人员合计	（人）	9925	10014
研究开发费用合计	（亿元）	43.9	35.4
当年专利申请数	（个）	2135	2014
当年专利授权数	（个）	1406	1493

4-3 续表11 平谷园主要指标

项目		2019	2018
规划总面积	(公顷)	508.0	508.0
累计已开发土地面积	(公顷)	227.7	227.7
累计已供应土地面积	(公顷)	103.4	103.4
累计已建成城镇建设用地	(公顷)	85.2	85.2
投产(开业)企业个数	(个)	150	126
#高新技术企业	(个)	95	72
#工业企业	(个)	58	61
#三资企业	(个)	14	14
注册资本	(万元)	41230	130000
合同外资金额	(万美元)	5263	
外商实际投资	(万美元)	2564	
工业总产值	(亿元)	55.4	52.1
总收入	(亿元)	171.1	160.1
#技术收入	(亿元)	31.8	8.6
利润总额	(亿元)	2.6	8.5
#高新技术企业	(亿元)	4.8	4.3
应缴税金总额	(亿元)	4.5	11.9
从业人员期末人数	(人)	16580	17388
研究开发人员合计	(人)	3330	2856
研究开发费用合计	(亿元)	7.9	5.3
当年专利申请数	(个)	377	217
当年专利授权数	(个)	218	160

4-3 续表12 门头沟园主要指标

项　　目		2019	2018
规划总面积	(公顷)	189.0	189.0
累计已开发土地面积	(公顷)	120.0	120.0
累计已供应土地面积	(公顷)	120.0	120.0
累计已建成城镇建设用地	(公顷)		
投产(开业)企业个数	(个)	238	163
#高新技术企业	(个)	156	109
#工业企业	(个)	36	45
#三资企业	(个)	6	6
注册资本	(万元)	617254	84932
合同外资金额	(万美元)	20000	
外商实际投资	(万美元)	13100	
工业总产值	(亿元)	46.1	69.1
总收入	(亿元)	365.1	313.0
#技术收入	(亿元)	52.4	39.7
利润总额	(亿元)	11.7	19.0
#高新技术企业	(亿元)	7.4	9.8
应缴税金总额	(亿元)	8.1	17.7
从业人员期末人数	(人)	17489	19166
研究开发人员合计	(人)	4344	5486
研究开发费用合计	(亿元)	10.9	13.1
当年专利申请数	(个)	585	600
当年专利授权数	(个)	296	311

4-3 续表13 房山园主要指标

项目		2019	2018
规划总面积	(公顷)	1572.6	1572.6
累计已开发土地面积	(公顷)	1204.7	1213.6
累计已供应土地面积	(公顷)	1145.2	1145.2
累计已建成城镇建设用地	(公顷)	747.9	738.8
投产(开业)企业个数	(个)	341	255
#高新技术企业	(个)	207	152
#工业企业	(个)	112	117
#三资企业	(个)	8	7
注册资本	(万元)	156250	266235
合同外资金额	(万美元)		
外商实际投资	(万美元)		
工业总产值	(亿元)	225.2	272.5
总收入	(亿元)	504.5	493.2
#技术收入	(亿元)	63.5	43.5
利润总额	(亿元)	13.3	27.3
#高新技术企业	(亿元)	11.0	21.8
应缴税金总额	(亿元)	17.9	20.4
从业人员期末人数	(人)	80707	37233
研究开发人员合计	(人)	8326	6730
研究开发费用合计	(亿元)	26.5	20.3
当年专利申请数	(个)	1184	980
当年专利授权数	(个)	684	607

4-3 续表14 顺义园主要指标

项　　目		2019	2018
规划总面积	(公顷)	1208.5	1208.5
累计已开发土地面积	(公顷)	912.4	912.4
累计已供应土地面积	(公顷)	599.5	567.5
累计已建成城镇建设用地	(公顷)	412.2	410.7
投产(开业)企业个数	(个)	447	344
#高新技术企业	(个)	318	249
#工业企业	(个)	180	177
#三资企业	(个)	49	46
注册资本	(万元)	2207086	310637
合同外资金额	(万美元)	213636	1314
外商实际投资	(万美元)	213636	1314
工业总产值	(亿元)	950.7	533.7
总收入	(亿元)	1961.5	1277.2
#技术收入	(亿元)	227.8	207.0
利润总额	(亿元)	123.4	157.8
#高新技术企业	(亿元)	141.9	120.3
应缴税金总额	(亿元)	81.1	67.6
从业人员期末人数	(人)	101008	93069
研究开发人员合计	(人)	23164	19562
研究开发费用合计	(亿元)	96.6	77.9
当年专利申请数	(个)	4569	4225
当年专利授权数	(个)	3403	3507

4-3 续表15 密云园主要指标

项　　目		2019	2018
规划总面积	(公顷)	1000.8	1000.8
累计已开发土地面积	(公顷)	699.3	699.3
累计已供应土地面积	(公顷)	607.0	607.0
累计已建成城镇建设用地	(公顷)	462.4	462.4
投产(开业)企业个数	(个)	155	141
#高新技术企业	(个)	107	106
#工业企业	(个)	83	82
#三资企业	(个)	11	11
注册资本	(万元)	91106	92210
合同外资金额	(万美元)		
外商实际投资	(万美元)	1182	
工业总产值	(亿元)	210.8	193.9
总收入	(亿元)	406.0	352.1
#技术收入	(亿元)	12.2	9.8
利润总额	(亿元)	-22.4	-1.4
#高新技术企业	(亿元)	-17.5	11.8
应缴税金总额	(亿元)	15.7	16.4
从业人员期末人数	(人)	32060	28939
研究开发人员合计	(人)	5362	4932
研究开发费用合计	(亿元)	24.6	16.4
当年专利申请数	(个)	692	459
当年专利授权数	(个)	383	358

4-3 续表16 怀柔园主要指标

项　　目		2019	2018
规划总面积	(公顷)	711.0	711.0
累计已开发土地面积	(公顷)	693.1	693.1
累计已供应土地面积	(公顷)	664.3	664.3
累计已建成城镇建设用地	(公顷)	359.2	359.2
投产(开业)企业个数	(个)	197	156
#高新技术企业	(个)	145	116
#工业企业	(个)	84	88
#三资企业	(个)	25	28
注册资本	(万元)	189095	15502
合同外资金额	(万美元)		
外商实际投资	(万美元)		
工业总产值	(亿元)	410.8	451.9
总收入	(亿元)	574.2	648.0
#技术收入	(亿元)	20.1	18.8
利润总额	(亿元)	33.8	29.6
#高新技术企业	(亿元)	31.3	19.3
应缴税金总额	(亿元)	14.5	23.2
从业人员期末人数	(人)	29610	30899
研究开发人员合计	(人)	6443	5910
研究开发费用合计	(亿元)	22.8	22.0
当年专利申请数	(个)	1052	1928
当年专利授权数	(个)	758	551

4-3 续表17 延庆园主要指标

项 目		2019	2018
规划总面积	（公顷）	491.2	491.2
累计已开发土地面积	（公顷）	332.3	270.0
累计已供应土地面积	（公顷）	249.6	249.6
累计已建成城镇建设用地	（公顷）	190.6	190.6
投产（开业）企业个数	（个）	253	103
#高新技术企业	（个）	104	61
#工业企业	（个）	43	37
#三资企业	（个）	4	3
注册资本	（万元）	972630	9921
合同外资金额	（万美元）		
外商实际投资	（万美元）		
工业总产值	（亿元）	83.6	58.7
总收入	（亿元）	144.9	122.0
#技术收入	（亿元）	13.8	15.9
利润总额	（亿元）	2.6	-2.0
#高新技术企业	（亿元）	3.3	2.2
应缴税金总额	（亿元）	3.6	4.6
从业人员期末人数	（人）	9644	8784
研究开发人员合计	（人）	2496	1814
研究开发费用合计	（亿元）	6.5	4.8
当年专利申请数	（个）	372	225
当年专利授权数	（个）	168	149

4-4 北京天竺综合保税区主要指标

项　　目		2019	2018
规划总面积	(公顷)	546.6	594.4
累计已开发土地面积	(公顷)	349.5	349.5
累计已供应土地面积	(公顷)	323.7	323.7
累计已建成城镇建设用地	(公顷)	258.5	258.5
投产(开业)企业个数	(个)	75	46
#高新技术企业	(个)	11	6
#工业企业	(个)	6	6
#三资企业	(个)	19	13
注册资本	(万元)	255807	258449
合同外资金额	(万美元)	5169	
外商实际投资	(万美元)		
工业总产值	(亿元)	23.0	27.9
总收入	(亿元)	413.8	240.5
利润总额	(亿元)	36.6	23.8
#高新技术企业	(亿元)	5.7	5.5
应缴税金总额	(亿元)	17.2	10.0
从业人员平均人数	(人)	20176	17505

注：1.北京天竺综合保税区为国家级综合保税区，范围包括北京天竺出口加工区和北京空港保税物流中心。
　　2.本表“投产(开业)企业个数”“工业总产值”“工业销售产值”“总收入”“利润总额”“应缴税金总额”“从业人员平均人数”的统计范围为注册在开发区内的规模(限额)以上法人单位。

4-5 北京市级开发区主要指标(2019年)

项　目	规划总面积(公顷)	累计已开发土地面积(公顷)	累计已供应土地面积(公顷)	累计已建成城镇建设用地(公顷)	投产(开业)企业个数(个)	总投资(万元)	总收入(万元)	利润总额(万元)	从业人员平均人数(人)
市级开发区合计	**10462.0**	**7791.3**	**6086.1**	**5657.0**	**2139**	**3314006**	**101713531**	**8877050**	**470321**
北京石龙经济开发区	189.0	120.0	120.0		330	845990	10175791	-498576	43345
北京良乡经济开发区	240.9	136.1	132.7	117.4	168		3164955	81999	17523
北京大兴经济开发区	416.0	394.6	394.6	377.6	163	771153	3573514	134820	28254
北京通州经济开发区	1947.6	770.7	750.5	637.3	62		1818724	318654	14501
北京雁栖经济开发区	1096.0	1096.0	722.2	637.6	151	8000	4452046	449800	24878
北京兴谷经济开发区	503.2	571.7	421.6	596.0	123	43565	2052348	56201	17791
北京密云经济开发区	1249.5	1249.5	1000.4	910.0	201	200	4146341	255575	30982
北京八达岭经济开发区	491.2	332.3	249.6	190.6	132		2185593	121792	12643
北京永乐经济开发区	459.8	219.3	137.1	137.1	16	6000	101485	-4300	1042
北京延庆经济开发区					97		8353652	2996510	11387
北京昌平小汤山工业园区	257.3	23.5	23.5	45.3	4		45108	346	174
北京采育经济开发区	355.0	327.1	319.7	285.0	30	6000	2121866	180827	5726
北京房山工业园区	218.5	159.5	150.7	122.8	30	67925	688468	32948	2558
北京马坊工业园区	345.6	202.5	140.4	114.7	45	12430	366317	4254	5092
北京临空经济核心区	1360.4	1245.9	700.0	662.5	418	1552743	45354288	3902418	195020
北京顺义科技创新产业功能区	1332.0	942.6	823.2	823.2	169		13113034	843781	59405

注：本表“投产(开业)企业个数”“总收入”“利润总额”和“从业人员平均人数”的统计范围为注册在开发区内的规模(限额)以上法人单位。

2020
北京区域统计年鉴

第五章

BEIJING AREA
STATISTICAL YEARBOOK

高端产业功能区

简要说明

一、本章资料的主要内容

本章资料为中关村国家自主创新示范区、金融街、北京商务中心区、北京经济技术开发区、首都机场临空经济示范区、奥林匹克中心区等高端产业功能区主要指标数据。

按统计制度规定，高端产业功能区中的中关村国家自主创新示范区按注册地统计，其他功能区都按经营地统计，因此，中关村国家自主创新示范区与其他 5 个功能区的单位有重复，在核算高端产业功能区合计时剔除了重复部分，所以分功能区数据相加不等于功能区合计。

二、本章资料的数据来源

本章资料均来自北京市统计局。

5-1 高端产业功能区规模以上法人单位主要财务指标（2008-2019年）

单位：亿元

项 目	2008	2009	2010	2011	2012	2013
高端产业功能区资产总计	**231482.3**	**282433.8**	**326671.7**	**379132.6**	**439140.9**	**551156.0**
（剔除重复部分）						
中关村国家自主创新示范区	12049.7	16812.7	20085.8	25903.4	35287.8	46156.4
金融街	204394.6	247446.0	279566.7	321315.1	366544.0	462465.0
北京商务中心区	6103.4	8291.6	14929.8	18299.4	22017.7	26715.9
北京经济技术开发区	2179.2	2812.3	3691.0	4606.8	4863.5	5460.3
首都机场临空经济示范区	3700.3	4133.8	4831.1	5279.7	5741.2	6325.1
奥林匹克中心区	4585.8	5528.5	6577.4	6951.9	8643.9	9727.4
高端产业功能区收入合计	**21641.5**	**24518.6**	**31499.2**	**37609.0**	**45451.8**	**51567.1**
（剔除重复部分）						
中关村国家自主创新示范区	9945.8	12747.1	15587.7	19035.7	24283.4	29655.8
金融街	5440.8	5627.1	6454.8	7096.3	8109.6	8093.2
北京商务中心区	2345.8	2480.6	4338.7	4985.4	5854.5	7018.3
北京经济技术开发区	2985.5	3241.3	3738.1	4136.4	4328.3	4787.3
首都机场临空经济示范区	2096.6	2234.4	3029.3	3488.0	3619.3	3790.8
奥林匹克中心区	1259.1	1465.0	2287.2	2624.6	2876.0	3041.1
高端产业功能区利润总额	**2582.4**	**3112.7**	**4037.5**	**5341.4**	**6292.5**	**6941.2**
（剔除重复部分）						
中关村国家自主创新示范区	757.1	1137.3	1319.4	1533.1	1755.3	2247.5
金融街	1536.7	1449.1	1833.9	2762.1	3433.6	3513.3
北京商务中心区	166.9	199.2	451.7	472.6	556.5	707.2
北京经济技术开发区	274.4	282.1	329.3	339.7	212.2	276.5
首都机场临空经济示范区	-13.9	154.7	265.2	317.9	257.3	281.9
奥林匹克中心区	90.9	167.2	174.2	228.9	286.1	199.7

注：1. 自2010年起，北京商务中心区的数据为东扩后的数据。
2. 自2016年起，奥林匹克中心区数据为范围调整后数据。
3. 自2018年起，原临空经济区的名称规范为首都机场临空经济示范区，数据为范围调整后数据。

5-1 续表

单位：亿元

项　目	2014	2015	2016	2017	2018	2019
高端产业功能区资产总计	**631584.0**	**753426.6**	**880708.7**	**955548.8**	**980362.2**	**1055455.6**
（剔除重复部分）						
中关村国家自主创新示范区	58737.7	73131.4	91154.6	107575.0	118033.0	121480.8
金融街	520272.5	620991.5	720852.1	765117.0	789735.0	841319.9
北京商务中心区	32455.1	39212.2	45139.9	54516.1	44208.2	57884.8
北京经济技术开发区	6364.2	7227.3	8727.9	13687.4	14425.7	14389.5
首都机场临空经济示范区	7930.5	7940.9	8644.7	9687.5	9725.7	11624.1
奥林匹克中心区	11958.6	12860.2	16599.2	17740.5	17361.7	21690.5
高端产业功能区收入合计	**58432.2**	**63979.0**	**69805.3**	**78261.8**	**85705.7**	**94040.7**
（剔除重复部分）						
中关村国家自主创新示范区	35154.6	39516.6	44326.4	51337.5	56389.1	63637.7
金融街	8895.2	10764.0	10016.0	10054.6	13023.7	13466.9
北京商务中心区	7278.1	7018.3	7201.2	7362.4	7732.8	7342.8
北京经济技术开发区	5589.9	6670.1	8065.6	9795.6	11142.1	13368.8
首都机场临空经济示范区	4774.4	3986.6	4149.0	4210.6	3794.0	4059.5
奥林匹克中心区	2692.0	2618.8	4269.9	4790.8	4340.4	4658.2
高端产业功能区利润总额	**8302.3**	**10863.7**	**9872.3**	**11001.5**	**13134.8**	**13008.5**
（剔除重复部分）						
中关村国家自主创新示范区	3014.0	3443.3	3761.7	4357.6	4582.5	4358.5
金融街	3740.5	5701.8	4320.4	4823.7	6601.1	6840.5
北京商务中心区	1010.6	1134.4	1335.9	1363.2	1403.1	1140.7
北京经济技术开发区	249.2	384.6	399.7	581.5	635.4	665.4
首都机场临空经济示范区	385.6	412.9	330.4	384.1	336.2	405.8
奥林匹克中心区	199.9	195.5	220.8	87.1	244.9	258.1

5-2 高端产业功能区规模以上法人单位主要财务指标

项　　目	2019年			
	法人单位数(个)	资产总计(亿元)	收入合计(亿元)	利润总额(亿元)
高端产业功能区合计	**13455**	**1055455.6**	**94040.7**	**13008.5**
（剔除重复部分）				
中关村国家自主创新示范区	8030	121480.8	63637.7	4358.5
#工　业	1642	22507.2	13903.9	1131.5
信息传输、软件和信息技术服务业	2679	23046.8	11339.7	902.0
科学研究和技术服务业	1457	13799.1	4734.0	421.2
金融街	531	841319.9	13466.9	6840.5
#金融业	195	801417.7	10907.5	5378.0
批发和零售业	36	2325.8	1145.2	56.5
信息传输、软件和信息技术服务业	19	22432.3	468.4	1172.7
北京商务中心区	2003	57884.8	7342.8	1140.7
#租赁和商务服务业	658	4493.8	1246.5	90.3
批发和零售业	344	3290.0	3136.9	217.8
金融业	213	45028.1	1608.8	708.6
北京经济技术开发区	1031	14389.5	13368.8	665.4
#工　业	311	6015.3	4420.9	527.1
批发和零售业	214	2942.6	7184.1	16.5
科学研究和技术服务业	115	687.1	319.5	24.2
首都机场临空经济示范区	1000	11624.1	4059.5	405.8
#工　业	95	454.6	397.9	19.7
交通运输、仓储和邮政业	191	3638.9	2026.6	136.5
租赁和商务服务业	88	1866.4	171.7	44.9
奥林匹克中心区	1623	21690.5	4658.2	258.1
#建筑业	105	859.7	399.5	4.9
批发和零售业	338	2984.2	2127.1	39.5
科学研究和技术服务业	227	1646.2	586.9	24.4

注：本表行业划分执行《国民经济行业分类》（GB/T 4754-2017）标准。

5-2 续表

项　　目	2018年			
	法人单位数(个)	资产总计(亿元)	收入合计(亿元)	利润总额(亿元)
高端产业功能区合计	**11963**	**980362.2**	**85705.7**	**13134.8**
（剔除重复部分）				
中关村国家自主创新示范区	7408	118033.0	56389.1	4582.5
#工　业	1599	21164.7	12201.1	1060.6
信息传输、软件和信息技术服务业	2546	19889.6	9382.3	1020.8
科学研究和技术服务业	1329	14435.6	5368.3	438.9
金融街	577	789735.0	13023.7	6601.1
#金融业	246	749394.5	10046.4	4258.7
批发和零售业	36	2191.9	1408.0	41.7
信息传输、软件和信息技术服务业	17	21727.9	211.5	2072.7
北京商务中心区	1675	44208.2	7732.8	1403.1
#租赁和商务服务业	486	4410.1	1247.5	41.6
批发和零售业	292	3857.2	3051.3	171.4
金融业	249	31159.0	2071.7	1073.7
北京经济技术开发区	783	14425.7	11142.1	635.4
#工　业	275	4873.2	3933.0	482.6
批发和零售业	159	3084.4	5784.6	22.8
科学研究和技术服务业	78	486.1	240.1	17.1
首都机场临空经济示范区	790	9725.7	3794.0	336.2
#工　业	97	397.7	332.8	24.2
交通运输、仓储和邮政业	159	3262.2	1896.1	132.2
租赁和商务服务业	61	1652.0	127.1	42.5
奥林匹克中心区	1392	17361.7	4340.4	244.9
#建筑业	102	728.4	350.3	0.1
批发和零售业	290	3053.2	2060.3	58.0
科学研究和技术服务业	175	1642.3	585.7	49.0

2020 北京区域统计年鉴

第六章

BEIJING AREA STATISTICAL YEARBOOK

直辖市

简要说明

一、本章资料的主要内容

本章资料主要包括2019年北京、天津、上海、重庆四个直辖市的自然资源、经济发展、社会领域的主要指标数据。

二、本章资料的数据来源

北京市数据由北京市统计局根据相关资料整理，天津、上海的主要数据摘自2020年出版的《中国统计年鉴》，重庆数据摘自2020年出版的《重庆统计年鉴》。

6-1 京津沪渝主要指标(2019年)
——自 然

项 目		北 京	天 津	上 海	重 庆
土地面积	(平方公里)	16411	11966	6341	82403
平均气温	(摄氏度)	13.8	14.2	17.4	19.2
平均相对湿度	(%)	48	54	75	76
降水量	(毫米)	403.3	490.0	1404.4	1406.4
日照时数	(小时/年)	2542	2597	1617	965
湿地面积	(千公顷)	48.1	295.6	464.6	207.2
自然保护区个数	(个)	2	3	2	6
自然保护区面积	(万公顷)	2.80	3.80	6.60	25.40

6-2 京津沪渝主要指标(2019年)
——经 济

项 目		北 京	天 津	上 海	重 庆
地区生产总值	(亿元)	35371.3	14104.3	38155.3	23605.8
第一产业		113.7	185.2	103.9	1551.4
第二产业		5715.1	4969.2	10299.2	9496.8
第三产业		29542.5	8949.9	27752.3	12557.5
地区生产总值构成	(%)				
第一产业		0.3	1.3	0.3	6.6
第二产业		16.2	35.2	27.0	40.2
第三产业		83.5	63.5	72.7	53.2
人均地区生产总值	(元)	164220	90371	157279	75828
固定资产投资增速	(%)	-2.4	13.1	5.1	5.6
一般公共预算收入	(亿元)	5817.1	2410.4	7165.1	2134.9
一般公共预算支出	(亿元)	7408.2	3555.7	8179.3	4847.7
居民消费价格总指数(以上年=100)		102.3	102.7	102.5	102.7
职工工资总额	(亿元)	12627.3	2925.9	10711.4	3200.1
职工平均工资	(元)	173205	108002	149377	86559
城镇登记失业率	(%)	1.30	3.50	3.60	2.60
社会消费品零售总额	(亿元)	15063.7	4218.2	15847.6	11631.7
地区进出口总值	(亿元)	28677.2	7346.1	34046.8	5792.8
实际利用外商直接投资	(亿美元)	142.1	47.3	190.5	23.6
接待入境旅游者人数	(万人次)	376.9	189.8	897.2	411.3
金融机构(含外资)人民币存款余额	(亿元)	164349.5	30699.8	123385.0	37953.1

注：表中职工工资总额和职工平均工资数据北京市为城镇单位在岗职工口径，其他三市为非私营单位职工口径。

6-3 京津沪渝主要指标(2019年)
——社 会

项　　目		北 京	天 津	上 海	重 庆
常住人口	(万人)	2154	1562	2428	3124
户籍人口	(万人)	1397.4	1108.2	1469.3	3416.3
从业人员	(万人)	1273.0	896.6	1376.2	1704.5
第一产业		42.4	58.3	40.8	451.1
第二产业		172.5	272.6	335.7	434.1
第三产业		1058.1	565.7	999.7	819.4
普通本专科在校学生数	(万人)	58.6	53.9	52.7	83.5
普通高中在校学生数	(万人)	15.3	15.9	15.9	61.7
小学在校学生数	(万人)	94.2	70.2	82.6	206.3
研究与试验发展经费支出	(亿元)	2233.6	463.0	1524.6	469.6
公共图书馆图书总藏量	(万册)	7048	2099	8063	1901
结婚对数	(万对)	12.9	9.6	9.9	23.8
离婚对数	(万对)	8.4	7.5	6.2	15.6
全市居民人均可支配收入	(元)	67756	42404	69442	28920
城镇居民人均可支配收入	(元)	73849	46119	73615	37939
农村居民人均可支配收入	(元)	28928	24804	33195	15133
医院个数	(个)	664	441	387	847
医院床位数	(万张)	12.02	6.10	13.67	17.12
卫生机构拥有执业医师人数	(万人)	10.59	4.64	7.77	6.74
城市绿化覆盖率	(%)	48.5	37.5	39.7	41.8

注：表中研究与试验发展经费支出数据来源于《2019年全国科技经费投入统计公报》。

2020

北京区域统计年鉴

第七章

BEIJING AREA

STATISTICAL YEARBOOK

全国主要经济区域

简要说明

一、本章资料的主要内容

本章资料内容包括全国、京津冀地区、长江三角洲地区、珠江三角洲地区土地、人口、经济、价格、就业、人民生活等方面的主要指标数据。

二、本章资料的数据来源

北京市数据由北京市统计局根据相关资料整理,全国数据摘自2020年出版的《中国统计年鉴》,浙江省数据摘自2020年出版的《浙江统计年鉴》,珠江三角洲地区数据摘自2020年出版的《广东统计年鉴》,其他省市数据来自2020年出版的《中国统计年鉴》及相关省市统计局提供。

7-1 三大经济区域主要指标
——土地、人口

地 区	土地面积(平方公里)	常住人口(万人)		
		2019	2018	增长速度(%)
全 国	**9600000**	**140005**	**139538**	**0.3**
京津冀地区				
北 京	16411	2153.6	2154.2	-0.03
天 津	11966	1561.8	1559.6	0.1
河 北	187693	7592.0	7556.3	0.5
石家庄	15848	1039.4	1031.5	0.8
唐 山	13472	796.4	793.6	0.4
秦皇岛	7523	314.6	313.4	0.4
邯 郸	12062	955.0	952.8	0.2
邢 台	12486	739.5	737.4	0.3
保 定	20584	939.9	935.9	0.4
张家口	36873	442.3	443.4	-0.2
承 德	39548	358.3	357.9	0.1
沧 州	14053	754.4	751.1	-0.4
廊 坊	6429	492.1	483.7	1.7
衡 水	8815	448.6	447.2	0.3
长江三角洲地区				
上 海	6341	2428.0	2423.8	0.2
江 苏	107217	8070.0	8051.0	0.2
浙 江	105500	5850.0	5737.0	2.0
安 徽	140140	6366.0	6324.0	0.7
珠江三角洲地区				
广 州	7249	1530.6	1490.4	2.7
深 圳	1997	1343.9	1302.7	3.2
珠 海	1736	202.4	189.1	7.0
佛 山	3798	815.9	790.6	3.2
惠 州	11347	488.0	483.0	1.0
东 莞	2460	846.5	839.2	0.9
中 山	1784	338.0	331.0	2.1
江 门	9507	463.0	459.8	0.7
肇 庆	14891	418.7	415.2	0.9

7-2 三大经济区域主要指标
——地区生产总值

单位：亿元

地　区	地区生产总值			第一产业		
	2019	2018	增长速度(%)	2019	2018	增长速度(%)
全 国	**990865.1**	**919281.1**	**6.1**	**70466.7**	**64745.2**	**3.1**
京津冀地区						
北　京	35371.3	33106.0	6.1	113.7	120.6	-2.5
天　津	14104.3	13362.9	4.8	185.2	175.3	0.2
河　北	35104.5	32494.6	6.8	3518.4	3338.6	1.6
石家庄	5393.0	5004.6	6.7	397.7	373.2	1.6
唐　山	6890.0	6300.0	7.3	531.2	493.1	2.1
秦皇岛	1612.0	1507.3	6.7	206.3	203.3	-0.6
邯　郸	3486.0	3259.2	7.2	342.4	313.3	1.7
邢　台	2120.0	1947.6	7.0	283.5	265.4	3.2
保　定	3224.0	3011.0	6.7	349.8	323.3	2.0
张家口	1551.1	1429.3	6.9	243.8	226.6	-1.3
承　德	1471.0	1376.1	6.5	298.0	267.5	4.5
沧　州	3588.0	3266.9	6.9	292.6	275.5	2.2
廊　坊	3196.0	3033.1	6.7	212.4	196.7	1.1
衡　水	1504.9	1381.8	6.8	216.7	200.5	2.1
长江三角洲地区						
上　海	38155.3	36011.8	6.0	103.9	104.8	-5.0
江　苏	99631.5	93207.6	6.1	4296.3	4141.7	1.3
浙　江	62351.7	58002.8	6.8	2097.4	1975.9	2.0
安　徽	37114.0	34010.9	7.5	2915.7	2638.0	3.2
珠江三角洲地区						
广　州	23628.6	21002.4	6.8	251.4	229.2	3.9
深　圳	26927.1	25266.1	6.7	25.2	22.6	5.2
珠　海	3435.9	3216.8	6.8	57.4	54.1	1.9
佛　山	10751.0	9976.7	6.9	156.9	144.6	3.0
惠　州	4177.4	4003.3	4.2	205.5	176.1	1.8
东　莞	9482.5	8818.1	7.4	28.5	25.8	5.5
中　山	3101.1	3053.7	1.2	62.6	63.0	-2.0
江　门	3146.6	3001.2	4.3	254.2	201.8	6.3
肇　庆	2248.8	2102.3	6.3	386.0	348.2	3.9

注：地区生产总值增速按可比价格计算。

7-2 续表

单位：亿元

地区	第二产业			第三产业			人均地区生产总值(元)		
	2019	2018	增长速度(%)	2019	2018	增长速度(%)	2019	2018	增长速度(%)
全国	**386165.3**	**364835.2**	**5.7**	**534233.1**	**489700.8**	**6.9**	**70892**	**70725**	**5.7**
京津冀地区									
北京	5715.1	5477.3	4.5	29542.5	27508.1	6.4	164220	153095	6.5
天津	4969.2	4835.3	3.2	8949.9	8352.3	5.9	90372	85757	4.6
河北	13597.3	12904.1	4.9	17988.8	16252.0	9.4	46348	43108	6.2
石家庄	1561.8	1494.1	1.7	3433.4	3137.3	9.6	52083	48688	5.9
唐山	3613.3	3319.8	8.0	2745.5	2487.0	7.3	86667	79582	6.8
秦皇岛	530.1	509.7	6.7	875.6	794.4	8.5	51334	48273	6.1
邯郸	1554.6	1511.8	5.8	1589.1	1434.1	9.9	36546	34237	6.9
邢台	833.1	777.0	5.9	1003.4	905.2	9.1	28707	26451	6.6
保定	1107.5	1106.4	3.3	1766.7	1581.3	10.1	34374	32213	6.3
张家口	445.4	422.4	6.3	861.9	780.2	9.7	35025	32239	7.0
承德	488.5	488.2	1.3	684.5	620.5	11.7	41080	38525	6.2
沧州	1430.3	1308.7	6.2	1865.0	1683.7	8.2	47663	43582	6.4
廊坊	1052.0	1044.9	1.4	1931.6	1791.6	10.6	65511	63338	4.7
衡水	492.1	468.6	4.1	796.2	712.7	9.9	33599	30938	6.5
长江三角洲地区									
上海	10299.2	10360.8	0.5	27752.3	25546.3	8.2	157279	148744	5.7
江苏	44270.5	42129.4	5.9	51064.7	46963.5	6.6	123607	115930	5.8
浙江	26566.6	25308.1	5.9	33687.8	30718.8	7.8	107624	101813	5.0
安徽	15337.9	14094.4	8.0	18860.4	17278.5	7.7	58496	47712	6.5
珠江三角洲地区									
广州	6454.0	6109.9	5.5	16923.2	14663.3	7.5	156427	142860	3.9
深圳	10495.8	9995.9	4.9	16406.1	15247.6	8.1	203489	197740	3.0
珠海	1528.7	1450.8	4.6	1849.8	1711.9	9.2	175533	175949	-0.2
佛山	6044.6	5663.5	6.3	4549.5	4168.7	8.1	133850	128216	3.6
惠州	2169.1	2122.2	2.3	1802.8	1705.0	6.8	86043	83342	3.1
东莞	5361.5	4960.4	7.6	4092.5	3831.9	7.2	112507	105387	6.6
中山	1521.8	1539.4	-1.6	1516.7	1451.3	4.4	92709	92960	-0.6
江门	1352.5	1328.6	2.5	1539.9	1470.8	5.8	68194	65530	3.5
肇庆	925.5	867.3	6.5	937.3	886.8	7.0	53936	50859	5.3

7-3 三大经济区域主要指标
——财政、金融

单位：亿元

地区	一般公共预算收入			一般公共预算支出		
	2019	2018	增长速度(%)	2019	2018	增长速度(%)
全国	**101080.6**	**97903.4**	**3.2**	**203743.2**	**188196.3**	**8.3**
京津冀地区						
北京	5817.1	5785.9	0.5	7408.2	7471.4	-0.8
天津	2410.3	2106.2	14.4	3555.7	3104.5	14.5
河北	3738.0	3513.9	6.5	8309.0	7726.2	7.5
石家庄	545.1	500.9	8.8	1051.4	994.7	5.7
唐山	465.3	432.4	7.6	801.8	760.6	7.0
秦皇岛	144.1	133.4	8.0	318.0	290.4	9.2
邯郸	262.1	243.4	7.7	694.7	619.1	12.2
邢台	159.8	149.0	7.3	550.5	493.4	11.2
保定	272.6	256.7	6.2	717.0	667.1	7.5
张家口	168.6	156.9	7.5	615.6	561.5	9.6
承德	112.5	104.6	7.6	415.4	367.5	13.1
沧州	283.6	263.4	7.7	688.8	622.4	10.7
廊坊	388.3	362.0	7.3	639.2	620.2	3.1
衡水	122.0	115.0	6.1	392.1	357.2	9.8
长江三角洲地区						
上海	7165.1	7108.1	0.8	8179.3	8351.5	-2.1
江苏	8802.4	8630.2	2.0	12573.6	11657.4	7.9
浙江	7048.6	6598.2	6.8	10053.0	8629.5	16.5
安徽	5710.5	5363.3	6.5	7392.2	6572.1	12.5
珠江三角洲地区						
广州	1699.0	1634.2	4.0	2865.3	2506.2	14.3
深圳	3773.4	3538.4	6.6	4552.7	4282.6	6.3
珠海	344.5	331.5	3.9	615.7	572.5	7.5
佛山	731.6	703.1	4.0	941.3	806.5	16.7
惠州	400.9	393.0	2.0	614.9	544.2	13.0
东莞	673.3	649.9	3.6	863.0	765.4	12.8
中山	283.4	315.2	-10.1	411.7	437.9	-6.0
江门	256.8	244.0	5.2	421.2	377.9	11.5
肇庆	114.2	106.0	7.7	351.6	315.7	11.4

7-3 续表

单位：亿元

地区	金融机构人民币存款余额			金融机构人民币贷款余额		
	2019	2018	增长速度(%)	2019	2018	增长速度(%)
全国	**1928785**	**1775226**	**8.7**	**1531123**	**1362927**	**12.3**
京津冀地区						
北京	164349.5	150430.4	9.3	73575.9	66767.0	10.2
天津	31788.8	30983.2	2.6	36141.3	34084.9	6.0
河北	72884.5	65910.2	10.6	53448.1	47744.1	11.9
长江三角洲地区						
上海	123385.0	112650.4	9.5	74662.0	68564.3	8.9
江苏	152837.3	139717.9	9.4	133329.9	115719.0	15.2
浙江	143006.9	124550.4	14.8	120289.3	104099.8	15.6
安徽	54377.9	50677.3	7.3	44289.3	38815.3	14.1
珠江三角洲地区						
广州	59131.2	54788.1	7.9	47103.3	40749.3	15.6
深圳	83942.5	72550.4	15.7	59461.4	52539.8	13.2
珠海	9047.2	7542.9	19.9	6358.6	5238.2	21.4
佛山	16948.1	15372.8	10.2	12175.2	10457.7	16.4
惠州	6558.6	6171.3	6.3	5848.9	4886.8	19.7
东莞	16426.4	14157.2	16.0	10132.1	8209.7	23.4
中山	6345.1	5930.5	7.0	4912.9	4036.4	21.7
江门	4946.8	4528.9	9.2	3667.7	3140.9	16.8
肇庆	2642.5	2495.8	5.9	2156.8	1825.5	18.1

注：本表中珠江三角洲地区城市数据为金融机构本外币存贷款口径。

7-4 三大经济区域主要指标
——投资、消费

地 区	固定资产投资比上年增长（%）		社会消费品零售总额（亿元）	
	2019	2018	2019	比2018年增长(%)
全 国	**5.1**	**5.9**	**408017.2**	**8.8**
京津冀地区				
北 京	-2.4	-9.9	15063.7	4.4
天 津	13.1	-5.6	4218.2	-0.3
河 北	6.5	6.0	12985.5	8.4
石家庄	6.1	6.4	3173.6	8.2
唐 山	10.1	6.8	2983.6	8.8
秦皇岛	7.1	4.9	899.2	8.3
邯 郸	7.6	6.6	1831.1	8.6
邢 台	7.4	6.1	1245.1	8.5
保 定	7.2	5.7	1940.7	8.4
张家口	5.8	7.4	858.3	8.0
承 德	6.1	-18.3	691.7	8.0
沧 州	6.0	5.3	1549.3	8.4
廊 坊	7.3	6.9	1137.4	9.1
衡 水	7.8	6.6	859.0	8.7
长江三角洲地区				
上 海	5.1	5.2	15847.6	6.5
江 苏	5.1	5.5	37672.5	6.2
浙 江	10.1	7.1	27343.8	8.7
安 徽	9.2	11.8	17862.1	10.6
珠江三角洲地区				
广 州	16.5	8.2	9551.6	8.4
深 圳	18.8	20.6	9144.5	7.3
珠 海	6.1	20.7	996.3	6.9
佛 山	5.4	5.6	3685.3	7.6
惠 州	15.4	3.1	1924.6	8.8
东 莞	17.5	5.8	4003.9	10.1
中 山	-17.6	5.5	1617.1	3.6
江 门	8.3	9.5	1207.0	8.6
肇 庆	10.8	10.0	1107.5	7.4

注：1.本表中各省、直辖市固定资产投资比上年增长数据均来源于2020年出版的《中国统计年鉴》。
2.本表中社会消费品零售总额增速除珠江三角洲地区城市外，均按可比口径计算。

7–5 三大经济区域主要指标
——对外经济贸易

单位：亿元

地 区	出口值			进口值			实际利用外商直接投资(亿美元)		
	2019	2018	增长速度(%)	2019	2018	增长速度(%)	2019	2018	增长速度(%)
全 国	**172373.6**	**164127.8**	**5.0**	**143253.7**	**140880.3**	**1.7**	**1381.4**	**1349.7**	**2.4**
京津冀地区									
北 京	5172.5	4878.5	6.2	23504.8	22303.9	5.4	142.1	173.1	-17.9
天 津	3017.7	3207.2	-5.9	4328.4	4869.9	-11.2	47.3	48.5	-2.5
河 北	2370.5	2243.0	5.7	1631.5	1308.6	24.5	102.8	97.0	5.9
石家庄	655.1	571.6	14.6	523.7	343.9	52.3	16.2	14.9	8.8
唐 山	294.0	319.8	-8.1	439.8	280.2	57.0	18.0	17.0	6.1
秦皇岛	227.7	237.2	-3.9	131.0	115.8	13.1	12.0	11.1	8.3
邯 郸	121.4	99.0	23.1	66.2	46.3	43.0	11.9	11.1	6.9
邢 台	128.0	123.8	3.5	26.8	23.2	15.5	6.9	6.4	7.5
保 定	328.9	278.2	18.2	47.1	52.8	-10.8	9.7	9.2	5.8
张家口	20.9	21.8	-4.1	11.1	23.1	-51.9	4.7	4.4	5.9
承 德	18.7	20.6	-9.1	3.9	0.8	387.5	0.5	2.0	-73.0
沧 州	183.6	197.8	-7.2	187.5	119.5	56.9	7.2	6.7	6.6
廊 坊	183.5	176.3	4.0	168.9	284.6	-40.7	11.1	10.5	5.4
衡 水	208.7	196.9	6.0	25.2	18.4	37.0	2.7	2.9	-7.7
长江三角洲地区									
上 海	13724.9	13665.1	0.4	20329.2	20346.9	-0.1	190.5	173.0	10.1
江 苏	27208.6	26657.7	2.1	16171.3	17144.7	-5.7	261.2	255.9	2.1
浙 江	23076.3	21174.5	7.1	7761.9	7337.1	5.8	135.6	186.4	-27.3
安 徽	2785.4	2385.8	16.7	1951.8	1756.2	11.1	179.4	170.0	5.5
珠江三角洲地区									
广 州	5258.5	5607.5	-6.2	4745.0	4204.1	12.9	459.4	395.0	16.3
深 圳	16715.5	16295.2	2.6	13065.1	13702.1	-4.6	532.4	514.6	3.5
珠 海	1654.6	1887.0	-12.3	1254.0	1360.7	-7.8	163.9	156.3	4.9
佛 山	3727.7	3527.3	5.7	1100.7	1071.8	2.7	51.1	45.7	11.8
惠 州	1821.6	2208.8	-17.5	888.0	1125.8	-21.1	64.3	63.5	1.3
东 莞	8658.7	7955.6	8.8	5175.6	5464.3	-5.3	88.0	83.5	5.4
中 山	1929.1	1801.7	7.1	458.0	539.9	-15.2	37.0	35.2	5.1
江 门	1136.1	1123.0	1.2	289.3	349.2	-17.2	54.5	47.4	15.0
肇 庆	271.7	237.6	14.3	132.7	152.2	-12.8	94.1	94.4	-0.3

注：1.各地区进出口数据按经营单位所在地统计。

2.珠江三角洲地区实际利用外商直接投资数据按人民币亿元计。

7-6 三大经济区域主要指标
——价 格

地 区	居民消费价格指数		工业生产者出厂价格指数		工业生产者购进价格指数	
	2019	2018	2019	2018	2019	2018
全 国	**102.9**	**102.1**	**99.7**	**103.5**	**99.3**	**104.1**
京津冀地区						
北 京	102.3	102.5	99.6	100.0	99.6	100.8
天 津	102.7	102.0	99.3	105.4	98.8	106.2
河 北	103.0	102.4	100.2	106.2	102.1	104.0
石家庄	102.7	102.3				
唐 山	103.1	102.3				
秦皇岛	102.7	102.3				
邯 郸	102.6	102.3				
邢 台	102.8	102.2				
保 定	103.1	102.2				
张家口	102.3	102.9				
承 德	103.3	102.8				
沧 州	103.0	102.6				
廊 坊	102.3	102.7				
衡 水	102.6	102.5				
长江三角洲地区						
上 海	102.5	101.6	98.8	101.7	98.7	105.2
江 苏	103.1	102.3	98.9	102.8	97.2	104.6
浙 江	102.9	102.3	98.9	103.4	97.1	105.1
安 徽	102.7	102.0	100.3	103.0	99.9	105.3
珠江三角洲地区						
广 州	103.0	102.4	99.1	101.0		
深 圳	103.4	102.8	100.0	100.2		
珠 海	102.3	102.3	100.1	101.9		
佛 山	102.9	102.0	100.2	101.9		
惠 州	103.2	101.8	99.3	102.8		
东 莞	103.5	102.5	100.4	100.6		
中 山	103.1	101.4	100.3	101.1		
江 门	103.0	101.7	99.8	102.0		
肇 庆	103.3	101.5	99.8	102.4		

7-7 三大经济区域主要指标
——从业人员

单位：万人

地　区	从业人员			第一产业		
	2019	2018	增长速度(%)	2019	2018	增长速度(%)
全 国	**77471**	**77586**	**-0.15**	**19445**	**20258**	**-4.0**
京津冀地区						
北　京	1273.0	1237.8	2.8	42.4	45.4	-6.6
天　津	896.6	896.6	持平	58.3	60.1	-3.0
河　北		4196.1			1360.1	
长江三角洲地区						
上　海	1376.2	1375.7	…	40.8	40.8	持平
江　苏	4745.2	4750.9	-0.1	734.5	764.9	-4.0
浙　江	3875.1	3836.0	1.0	406.8	437.9	-6.9
安　徽	4384.0	4385.3	…	1346.9	1353.6	-0.5
珠江三角洲地区						
广　州	1125.9	1102.4	2.1	62.2	60.3	3.1
深　圳	1283.4	1291.3	-0.6	1.3	1.6	-17.7
珠　海	161.2	164.6	-2.1	6.0	5.9	1.4
佛　山	531.4	530.6	0.2	20.6	19.1	7.5
惠　州	318.3	320.8	-0.8	46.3	47.0	-1.6
东　莞	711.1	705.0	0.9	5.7	5.6	1.8
中　山	237.2	238.8	-0.6	9.6	9.5	1.4
江　门	272.3	280.3	-2.9	77.6	77.6	持平
肇　庆	231.6	236.0	-1.8	104.3	105.0	-0.7

7-7 续表

单位：万人

地 区	第二产业			第三产业		
	2019	2018	增长速度(%)	2019	2018	增长速度(%)
全 国	**21305**	**21390**	**-0.4**	**36721**	**35938**	**2.2**
京津冀地区						
北 京	172.5	182.2	-5.3	1058.1	1010.2	4.7
天 津	272.6	285.0	-4.4	565.7	551.5	-2.6
河 北		1367.7			1468.4	
长江三角洲地区						
上 海	335.7	422.8	-20.6	999.7	912.0	9.6
江 苏	2012.0	2033.4	-1.1	1998.7	1952.6	2.4
浙 江	1764.3	1730.8	1.9	1704.0	1667.3	2.2
安 徽	1261.0	1263.3	-0.2	1776.1	1768.4	0.4
珠江三角洲地区						
广 州	266.6	275.2	-3.1	797.1	766.8	3.9
深 圳	509.3	514.7	-1.1	772.7	775.0	-0.3
珠 海	65.0	66.5	-2.3	90.2	92.2	-2.1
佛 山	263.2	264.5	-0.5	247.6	247.0	0.3
惠 州	144.7	147.5	-1.9	127.3	126.3	0.8
东 莞	447.9	444.1	0.9	257.5	255.4	0.9
中 山	133.2	134.9	-1.3	94.5	94.4	0.0
江 门	86.5	86.6	-0.1	108.2	116.1	-6.8
肇 庆	49.3	47.8	3.2	78.0	83.2	-6.2

7-8 三大经济区域主要指标
——职工工资与居民收入

地 区	职工年末人数(万人)			职工平均工资(元)		
	2019	2018	增长速度(%)	2019	2018	增长速度(%)
全 国	**17161.2**	**17258.2**	**-0.6**	**90501**	**82413**	**9.8**
京津冀地区						
北 京	727.8	762.1	-4.5	173205	149843	15.6
天 津	247.6	241.2	2.7	111602	103931	7.4
河 北	532.8	507.9	4.9	75775	71633	5.8
石家庄	96.7	91.5	5.7	79581	75113	4.9
唐 山	72.7	73.6	-1.1	77990	74569	4.6
秦皇岛	25.2	25.9	-2.7	80184	75131	6.7
邯 郸	56.7	56.0	1.4	66540	62696	6.1
邢 台	37.5	34.5	8.8	67415	64248	4.9
保 定	63.9	69.9	-8.6	71725	70533	1.4
张家口	32.0	30.2	5.9	70937	67785	4.6
承 德	25.4	24.1	5.3	69365	65558	5.8
沧 州	43.1	41.5	3.8	79779	73826	8.1
廊 坊	37.9	38.9	-2.4	91534	86177	6.2
衡 水	22.5	21.9	2.6	64590	62877	2.7
长江三角洲地区						
上 海	716.1	640.7	11.8	149377	140400	6.4
江 苏	1252.8	1374.1	-8.8	96527	84688	14.0
浙 江	987.3	1013.5	-2.6	99654	88883	12.1
安 徽	581.0	592.3	-1.9	79037	74378	6.3
珠江三角洲地区						
广 州	375.2	331.9	13.0	123498	111839	10.4
深 圳	475.0	466.9	1.7	127757	111709	14.4
珠 海	73.2	74.4	-1.6	100878	87032	15.9
佛 山	145.6	160.4	-9.2	86401	80288	7.6
惠 州	96.0	90.9	5.6	83639	77634	7.7
东 莞	281.9	237.2	18.85	74017	69937	5.8
中 山	73.3	73.8	-0.7	85691	74484	15.0
江 门	55.9	59.3	-5.7	80332	71371	12.6
肇 庆	33.4	37.4	-10.5	80271	71451	12.3

注：表中职工年末人数和平均工资数据，北京市为城镇单位在岗职工口径，天津、河北、江苏为非私营单位在岗职工口径，其他省市为非私营单位口径。

7-8 续表

地 区	居民人均可支配收入(元)			城镇居民人均可支配收入(元)			农村居民人均可支配收入(元)		
	2019	2018	增长速度(%)	2019	2018	增长速度(%)	2019	2018	增长速度(%)
全 国	**30733**	**28228**	**9.2**	**42359**	**39251**	**7.9**	**16021**	**14617**	**9.6**
京津冀地区									
北 京	67756	62361	8.7	73849.0	67989.9	8.6	28928	26490	9.2
天 津	42404	39506	7.3	46119.0	42976.3	7.3	24804	23065	7.5
河 北	25665	23446	9.5	35738.0	32977.2	8.4	15373	14031	9.6
石家庄	29335	26839	9.3	38550.0	35563.0	8.4	15853	14518	9.2
唐 山	33080	30309	9.1	42632.0	39365.0	8.3	19316	17656	9.4
秦皇岛	26916	24555	9.6	38359.0	35386.0	8.4	15035	13719	9.6
邯 郸	25371	23117	9.8	33904.0	31133.0	8.9	15695	14307	9.7
邢 台	22338	20052	11.4	31533.0	28640.0	10.1	13798	12287	12.3
保 定	23769	21708	9.5	32705.0	30283.0	8.0	15618	14108	10.7
张家口	24159	21830	10.7	34062.0	31193.0	9.2	12973	11531	12.5
承 德	21828	19677	10.9	32365.0	29557.0	9.5	12101	10804	12.0
沧 州	25421	23272	9.2	36244.0	33528.0	8.1	14854	13516	9.9
廊 坊	32603	29781	9.5	43912.0	40435.0	8.6	18467	16865	9.5
衡 水	22067	19869	11.1	31581.0	28736.0	9.9	13917	12493	11.4
长江三角洲地区									
上 海	69442	64183	8.2	73615.3	68033.6	8.2	33195	30375	9.3
江 苏	41400	38096	8.7	51056.1	47200.0	8.2	22675	20845	8.8
浙 江	49899	45840	8.9	60182.3	55574.3	8.3	29876	27302	9.4
安 徽	26415	23984	10.1	37540.0	34393.1	8.3	15416	13996	10.1
珠江三角洲地区									
广 州	60074	55276	8.7	65052	59982	8.5	28868	26020	10.9
深 圳	62522	57544	8.7	62522	57544	8.7			
珠 海	52495	48107	9.1	55219	50713	8.9	29069	26198	11.0
佛 山	54043	49630	8.9	55233	50737	8.9	31503	28765	9.5
惠 州	37160	33930	9.5	42999	39574	8.7	23027	21039	9.5
东 莞	53657	49331	8.8	55156	50721	8.7	35904	32277	11.2
中 山	50478	46865	7.7	52502	48804	7.6	35122	32263	8.9
江 门	32323	29547	9.4	38595	35466	8.8	19873	18154	9.5
肇 庆	26121	21350	22.3	33260	30680	8.4	19217	17696	8.6

2020

北京区域统计年鉴

第八章

BEIJING AREA STATISTICAL YEARBOOK

北京与全国对比

简要说明

一、本章资料的主要内容

本章资料主要反映北京与全国主要指标数据对比和北京主要指标占全国比重情况，内容涵盖了产业发展、财政、金融、对外贸易、人口、就业、居民收入、教育、城市建设等经济社会领域。

二、本章资料的数据来源

北京市数据由北京市统计局根据相关资料整理，全国数据摘自2020年出版的《中国统计年鉴》。

8-1 北京与全国主要指标对比
——经 济

项 目		2019			2018		
		北 京	全 国	北京占全国(%)	北 京	全 国	北京占全国(%)
地区生产总值	(亿元)	35371.3	990865.1	3.6	33106.0	919281.1	3.6
第一产业	(亿元)	113.7	70466.7	0.2	120.6	64745.2	0.2
第二产业	(亿元)	5715.1	386165.3	1.5	5477.4	364835.2	1.5
第三产业	(亿元)	29542.5	534233.1	5.5	27508.1	489700.8	5.6
人均地区生产总值	(元)	164220	70892	—	153095	66006	—
一般公共预算收入	(亿元)	5817.1	101080.6	5.8	5785.9	97903.4	5.9
一般公共预算支出	(亿元)	7408.2	203743.2	3.6	7471.4	188196.3	4.0
固定资产投资增速	(%)	-2.4	5.1	—	-9.9	5.9	—
社会消费品零售总额	(亿元)	15063.7	408017.2	3.7	14422.3	377783.1	3.8
海关出口值	(亿元)	5172.4	172373.6	3.0	4878.5	164127.8	3.0
海关进口值	(亿元)	23504.8	143253.7	16.4	22303.9	140880.3	15.8
实际利用外商直接投资	(亿美元)	142.1	1381.4	10.3	173.1	1349.7	12.8
对外（国外）承包工程营业额	(亿美元)	42.2	1729.0	2.4	40.0	1690.4	2.4
入境旅游人数	(万人次)	376.9	14530.8	2.6	400.4	14119.8	2.8
金融机构(含外资)人民币存款余额	(亿元)	164349.5	1928785.0	8.5	150430.4	1775226.0	8.5
金融机构(含外资)人民币贷款余额	(亿元)	73575.9	1531123.0	4.8	66767.0	1362927.0	4.9

注：全国一般公共预算收支为全国31个省（市、自治区）合计数。

8-2 北京与全国主要指标对比
——社 会

项 目		2019			2018		
		北 京	全 国	北京占全国(%)	北 京	全 国	北京占全国(%)
年底人口数(年末常住人口)	(万人)	2153.6	140005	1.5	2154.2	139538	1.5
城镇人口	(万人)	1865.0	84843	2.2	1863.4	83137	2.2
乡村人口	(万人)	288.6	55162	0.5	290.8	56401	0.5
从业人员	(万人)	1273.0	77471	1.6	1237.8	77586	1.6
居民人均可支配收入	(元)	67756	30733	—	62361	28228	—
城镇居民人均可支配收入	(元)	73849	42359	—	67990	39251	—
农村居民人均可支配收入	(元)	28928	16021	—	26490	14617	—
参加职工基本医疗保险人数	(万人)	1682.5	32924.7	5.1	1628.9	31680.8	5.1
普通高等学校本专科在校学生数	(万人)	58.6	3031.5	1.9	58.1	2831.0	2.1
普通中学在校学生数	(万人)	46.2	7241.4	0.6	43.4	7028.0	0.6
小学在校学生数	(万人)	94.2	10561.2	0.9	91.3	10339.3	0.9
专利授权量	(万件)	13.2	259.2	5.1	12.3	244.8	5.0
技术市场成交额	(亿元)	5695.3	22398.4	25.4	4957.8	17697.4	28.0
轨道交通里程	(公里)	699.0	6172.0	11.3	637.0	5295.0	12.0
电信业务总量	(亿元)	2682.0	106810.7	2.5	1771.0	65633.9	2.7

注：表中普通中学在校学生数范围为普通高中和普通初中。

2020

北京区域统计年鉴

附 录

BEIJING AREA STATISTICAL YEARBOOK

指标解释

附录：指标解释

（一）法人情况

法人单位 指有权拥有资产、承担负债，并独立从事社会经济活动（或与其他单位进行交易）的组织。法人单位应同时具备以下条件：（1）依法成立，有自己的名称、组织机构和场所，能够独立承担民事责任；（2）独立拥有（或授权使用）资产或者经费，承担负债，有权与其他单位签订合同；（3）具有包括资产负债表在内的账户，或者能够根据需要编制账户。

（二）人口和就业

户籍人口 指公民依照《中华人民共和国户口登记条例》已在其经常居住地的公安户籍管理机关登记了常住户口的人。

常住人口 指在某地区实际居住半年以上的人口。

常住外来人口 指不具有本市户籍户口，来自北京市行政区划以外的省、自治区、直辖市，且在京居住半年以上的人口。

从业人员 指在各级国家机关、党政机关、社会团体及企业、事业单位中工作，取得工资或其他形式的劳动报酬的全部人员，包括在岗职工、聘用的离退休人员，在单位中工作的港澳台及外籍人员、兼职人员、借用的外单位人员和第二职业者，不包括本单位的不在岗职工。

在岗职工 指在本单位工作并由单位支付工资的人员，以及有工作岗位，但由于学习、病伤产假（6 个月以内）等原因暂未工作，仍由单位支付工资的人员。

在岗职工工资总额 与“在岗职工”指标相对应，根据 1990 年 1 月 1 日的国家统计局令（一号）修订，指单位在报告期内直接支付给本单位在岗职工的劳动报酬总额，包括基础工资、职务工资、级别工资、工龄工资、计件工资、奖金、各种津贴和补贴、交通补贴、洗理费、书报费、旅游费、过节费、伙食补助、住房补贴、住房提租补贴、由单位从个人工资中直接为其代扣或代缴的个人所得税、房水电费、住房公积金、社会保险基金个人缴纳部分等。

在岗职工平均工资 指企业、事业、机关等单位的在岗职工在一定时期内的人均劳动报酬，它表明一定时期在岗职工工资收入的高低程度，是反映在岗职工工资水平的主要指标。

（三）国民经济核算

地区生产总值 指按市场价格计算的地区生产总值的简称，它是一个地区所有常住单位在一定时期内生产活动的最终成果。地区生产总值有三种表现形式：价值形态、收入形态和产品形态。从价值形态看，它是所有常住单位在一定时期内所生产的全部货物和服务价值与同期投入的全部非固定资产货物和服务价值的差额，即所有常住单位的增加值之和；从收入形态看，它是所有常住单位在一定时期内创造的各项收入之和，包括劳动者报酬、生产税净额、固定资产折旧和营业盈余；从产品形态看，它是所有常住单位在一定时期内最终使用的货物和服务价值与货物和服务净出口价值之和。在实际核算中，地区生产总值有三种计算方法，即生产法、收入法和支出法。三种方法分别从不同的方面反映地区生产总值及其构成。

三次产业 根据社会生产活动历史发展的顺序对产业结构的划分，产品直接取自自然界的部门称为第一产业，对初级产品进行再加工的部门称为第二产业，为生产和消费提供各种服务的部门称为第三产业。这是世界上通用的产业结构分类，但各国的划分不尽一致。2012 年，国家统计局根据国家质检总局和国家标准委颁布的《国民经济行业分类》(GB/T 4754-2011)，对三次产业划分作如下规定》：

第一产业：农、林、牧、渔业（不含农、林、牧、渔服务业）。

第二产业：采矿业（不含开采辅助活动），制造业（不含金属制品、机械和设备修理业），电力、热力、燃气及水生产和供应业，建筑业。

第三产业：除第一产业、第二产业以外的其他行业。

（四）财政和税收

一般公共预算收入 通过一定的形式和程序，由各级财政部门组织并纳入预算管理的各项收入。

税收收入 包括增值税、营业税、企业所得税、个人所得税、资源税、城市维护建设税、房产税、印花税、城镇土地使用税、土地增值税、车船税、耕地占用税、契税等。

一般公共预算支出 指各级财政部门对集中的一般预算收入有计划地分配和使用而安排的支出。

一般公共服务支出 指政府提供基本公共管理与服务的支出，包括人大事务、政协事务、政府办公厅（室）及相关机构事务、发展与改革事务、统计信息事务、财政事务、税收事务、审计事务、海关事务、人力资源事务、纪检监察事务、人口与计划生育事务、 商贸事务、知识产权事务、工商行政管理事务、国土资源事务、 海洋管理事务、 测绘事务、地震事务、气象事务、民族事务、宗教事务、港澳台侨事务、档案事务、共产党事务、民主党派事务及工商联事务、群众团体事务、彩票事务等。

教育支出 指政府教育事务支出，包括教育行政管理、学前教育、小学教育、初中教育、普通高中教育、普通高等教育、初等职业教育、中专教育、技校教育、职业高中教育、高等职业教育、广播电视教育、留学生教育、特殊教育、干部继续教育、教育机关服务等。

科学技术支出 指用于科学技术方面的支出，包括科学技术管理事务、基础研究、应用研究、技术研究与开发、科技条件与服务、社会科学、科学技术普及、科技交流与合作等。

社会保障和就业支出 指政府在社会保障与就业方面的支出，包括社会保障和就业管理事务、民政管理事务、财政对社会保险基金的补助、补充全国社会保障基金、行政事业单位离退休、企业改革补助、就业补助、抚恤、退役安置、社会福利、残疾人事业、城市居民最低生活保障、其他城镇社会救济、农村社会救济、自然灾害生活救助、红十字事务等。

节能环保支出 指政府环境保护支出，包括环境保护管理事务支出、环境监测与监察支出、污染治理支出、自然生态保护支出、天然林保护工程支出、退耕还林支出、风沙荒漠治理支出、退牧还草支出、已垦草原退耕还草、能源节约利用、污染减排、可再生能源和资源综合利用等支出。

交通运输支出 指政府交通运输和邮政业方面的支出，包括公路运输支出、水路运输支出、铁路运输支出、民用航空运输支出、邮政业支出等。

城乡社区支出 指政府城乡社区事务支出，包括城乡社区管理事务支出、城乡社区规划与管理支出、城乡社区公共设施支出、城乡社区住宅支出、城乡社区环境卫生支出、建设市场管理与监督支出等。

农林水支出 指政府农林水事务支出，包括农业支出、林业支出、水利支出、扶贫支出、农业综合开发支出等。

（五）投资和建筑业

固定资产投资额 指以货币形式表现的在一定时期内建造和购置固定资产的工作量以及与此有关的费用的总称。

房地产开发投资 指从本年1月1日起至本年最后一天止完成的全部用于房屋建设工程和土地开发工程的投资额，以及公益性建筑和土地购置费等投资。

房屋施工面积 指报告期内施工的全部房屋建筑面积。包括本期新开工的面积和上年开工跨入本期继续施工房屋面积，以及上期已停建在本期恢复施工的房屋面积。本期竣工和本期施工后又停建、缓建的房屋面积仍包括在施工面积中，多层建筑应填各层建筑面积之和。

房屋竣工面积 指报告期内房屋建筑按照设计要求已全部完工，达到住人和使用条件，经验收鉴定合格（或达到竣工验收标准），可正式移交使用的各栋房屋建筑面积的总和。

建筑业总产值 以货币表现的建筑业企业在一定时期内生产的建筑产品和服务的总和，包括建筑工程产值、安装工程产值、其他产值三部分内容。

年末从业人员 指年末最后一日24小时在本单位工作并取得劳动报酬或收入的期末实有人员数。该指标为时点指标，不包括最后一日当天及以前与单位解除劳动合同关系的人员和建筑业整建制使用的人员。

利润总额 指企业在一定会计期间的经营成果，是生产经营过程中各种收入扣除各种耗费后的盈余，反映企业在报告期内实现的亏盈总额。

（六）能源、环境

能源消费总量 指一定地域（行政或地理区域）内，国民经济各行业和居民家庭在一定时期所消费的各种能源的总和。能源消费总量包括终端能源消费量、能源加工转换损失量、能源运输和管理过程的损失量三部分。

生活垃圾无害化处理量 指报告期内简易处理场和各种垃圾无害化处理场（厂）处理垃圾的总量。垃圾简易处理量指垃圾简易填埋场所处理的垃圾总量，垃圾无害化处理量指垃圾无害化处理场（厂）所处理的垃圾总量。

生活垃圾无害化处理率 指报告期垃圾无害化处理量与垃圾产生量的比率。在统计时，如果生活垃圾产生量不易取得，可用清运量代替。

污水处理量 指污水处理厂和处理装置实际处理的污水量，包括物理处理量、生物处理量和化学处理量。

（七）农　业

农林牧渔业总产值 以货币表现的农林牧渔业的全部产品总量和对农林牧渔业生产活动进行的各种支持性服务活动的价值。

农作物播种面积 指实际播种或移植有农作物的面积。凡是实际种植有农作物的面积，不论种植在耕地上还是种植在非耕地上，均包括在农作物播种面积中。在播种季节基本结束后，因遭灾重新改种和补种的农作物面积，也包括在内。

设施农业 指以工厂化生产方式，建造人工设施，改变气候条件，提高农作物抵御自然灾害的能力，改良生物特性，使作物实现错季或反季节生产，达到农作物均衡生产的目的。

农业机械总动力 指主要用于农、林、牧、渔业的各种动力机械的动力总和，包括耕作机械、排灌机械、收获机械、农用运输机械、植物保护机械、牧业机械、渔业机械和其他农用机械[内燃机按引擎马力折成瓦（特）计算，电动机按功率折成瓦（特）计算]。不包括专门用于乡、镇、村、组办工业、基本建设、非农业运输、科学实验和教学等非农业生产方面用的动力机械与作业机械。

农村用电量 指本年度内，扣除在农村中的国有经济工业交通、基建等单位的用电量以后的农村生产和生活的全年用电总量（计量单位千瓦小时，按全年累计数统计），即包括国家电网供电，也包括农村自办电站供电量。

农用化肥施用量 指本年度内实际用于农业生产的化学肥料数量，包括氮肥、磷肥、钾肥和复合肥。施用量要求按折纯量计算数量，即各类化学肥料的实际施用数量按其含氮、五氧化二磷、氧化钾的比例折成百分之百计算。

乡镇及行政村常住户数 指长期（一年以上）居住在乡镇（不包括城关镇）行政管理区域内的住户，还包括居住在城关镇所辖行政村范围内的农村住户。户口不在本地而在本地居住一年及以上的住户也包括在本地农村住户内；有本地户口，但举家外出谋生一年以上的住户，无论是否保留承包耕地都不包括在本地农村住户范围内，不包括乡村地区内的国有经济的机关、团体、学校、企业、事业单位的集体户。

乡镇及行政村常住人口 指乡村地区常住居民户数中的常住人口数，即经常在家或在家居住6个月以上，而且经济和生活与本户连成一体的人口。外出从业人员在外居住时间虽然在6个月以上，但收入主要带回家中，经济与本户连为一体，仍视为家庭常住人口；在家居住，生活和本户连成一体的国家职工、退休人员也为家庭常住人口。但是现役军人、中专及以上（走读生除外）的在校学生、常年在外（不包括探亲、看病等）且已有稳定的职业与居住场所的外出从业人员，不应当作家庭常住人口。

乡镇及行政村从业人员 指全部乡镇及行政村人口中16岁以上实际参加生产经营活动并取得实物或货币收入的人员，既包括劳动年龄内经常参加劳动的人员，也包括超过劳动年龄但经常参加劳动的人员，但不包括户口在家的在外学生、现役军人和丧失劳动能力的人，也不包括待业人员和家务劳动者。从业人员按从事主业时间最长（时间相同按收入）分为农业从业人员，工业从业人员，建筑业从业人员，交通运输仓储及邮政业从业人员，信息传输、计算机服务和软件业，批发与零售业从业人员，住宿和餐饮业从业人员及其他从业人员。

（八）工　　业

工业总产值 指工业企业在报告期内生产的以货币形式表现的工业最终产品和提供工业劳务活动的总价值量，包括在本企业内不再进行加工，经检验、包装入库（规定不需包装的产品除外）的成品价值，对外加工费收入，自制半成品、在制品期末期初差额价值。工业总产值采用“工厂法”计算，即以工业企业作为一个整体，按企业生产活动的最终成果来计算。

轻工业 指主要提供生活消费品和制作手工工具的工业。按其所使用的原料不同，可分为两大类：（1）以农业为原料的轻工业，是指直接或间接以农产品为基本原料的轻工业，主要包括食品制造、饮料制造、烟草加工、纺织、缝纫、皮革和毛皮制作、造纸以及印刷等工业。（2）以非农产品为原料的轻工业，是指以工业品为原料的轻工业，主要包括文教体育用品、化学药品制造、合成纤维制造、日用化学制品、日用玻璃制品、日用金属制品、手工工具制造、医疗器械制造、文化和办公用机械制造等工业。

重工业 指为国民经济各部门提供物质技术基础的主要生产资料的工业，按其生产性质和产品用途，可以分为下列三类：（1）采掘（伐）工业。指对自然资源的开采，包括石油开采、煤炭开采、金属矿开采、非金属矿开采和木材采伐等工业。（2）原材料工业。指向国民经济各部门提供基本材料、动力和燃料的工业，包括金属冶炼及加工、炼焦及焦炭化学、化工原料、水泥、人造板以及电力、石油和煤炭加工等工业。（3）加工工业。指对工业原材料进行再加工制造的工业，包括装备国民经济各部门的机械设备制造工业、金属结构、水泥制品等工业，以及为农业提供的生产资料如化肥、农药等工业。

工业销售产值 以货币形式表现的，工业企业在报告期内销售的本企业生产的工业产品或提供工业性劳务价值的总价值量。包括企业在报告期内实际销售（包括本期生产和非本期生产）的全部成品、半成品的总价值，报告期内完成的对外承接的工业品加工的加工费收入，对外工业品修理作业可获取的加工费收入和对内非工业部门提供的加工修理、设备安装等收入。已销售的成品、半成品不论是本期生产的，还是非本期生产的，只要是本期销售出去的均包括在内。企业为本单位基本建设部门、生活福利部门等提供的产品和工业性作业及自制设备也应视同销售，这部分也应作为销售统计。

资产总计 指企业过去的交易或者事项形成的、由企业拥有或者控制的、预期会给企业带来经济利益的资源。资产一般按流动性分为流动资产和非流动资产，其中流动资产可分为货币资金、交易性金融资产、应收票据、应收账款、预付款项、其他应收款、存货等；非流动资产可分为长期股权投资、固定资产、无形资产及其他非流动资产等。

负债合计 指企业过去的交易或者事项形成的、预期会导致经济利益流出企业的现时义务。负债一般按偿还期长短分为流动负债和非流动负债。

所有者权益合计 指企业资产扣除负债后由所有者享有的剩余权益。公司的所有者权益又称股东权益。包括实收资本、资本公积、盈余公积、未分配利润等。

利润总额 指企业在一定会计期间的经营成果，是生产经营过程中各种收入扣除各种耗费后的盈余，反映企业在报告期内实现的亏盈总额。

应交增值税 指企业按税法规定，从事货物销售或提供加工、修理修配劳务等增加货物价值的活动本期应交纳的税金。应交增值税不含期初未抵扣税额。

（九）商　　业

社会消费品零售总额 指企业（单位、个体户）通过交易直接售给个人、社会集团非生产、非经营用的实物商品金额，以及提供餐饮服务所取得的收入金额。

批发和零售业单位 指在流通环节主要从事商品批发活动和零售活动的单位（含法人单位、产业活动单位、个体经营户）。

商品购进额 指从本企业（单位）以外的单位和个人购进（包括从国外直接进口）作为转卖或加工后转卖的商品金额（含增值税）。本指标反映批发和零售业从国内外市场上购进商品的总价。

商品销售额 指对本企业以外的单位和个人出售的商品金额（包括售给本单位消费用的商品，含增值税）。本指标反映批发和零售业在国内市场上销售商品以及出口商品的总价。

餐饮业单位 指在一定场所，专门从事对食物进行现场烹饪、调制，并出售给顾客主要供现场消费服务活动的单位（含法人单位、产业活动单位、个体经营户）。如各种饭馆、中西餐厅、酒馆、茶馆和火车餐车、车站食堂、飞机场餐厅等。

住宿业单位 指有偿为顾客提供临时住宿服务活动的单位（含法人单位、产业活动单位、个体经营户），如旅游饭店、宾馆、酒店和旅馆、旅店等。

（十）对外贸易

进出口总值 指实际进、出我国海关并能引起我国境内物质资源增加或减少的进出口货物总金额，包括我国境内法人和其他组织以一般贸易、易货贸易、加工贸易、补偿贸易、寄售代销贸易等方式进出口的货物、租赁期一年及以上的租赁进出口货物、边境小额贸易货物、国际援助物资或捐赠品、保税区和保税仓库进出口货物等的金额合计。进出口总值是观察一个国家在对外贸易方面的总规模。我国规定出口货物按离岸价格统计，进口货物按到岸价格统计。

实际利用外商直接投资额 指批准的合同外资金额的实际执行数，外国投资者根据批准外商投资企业的合同（章程）的规定实际缴付的出资额和企业投资总额内外国投资者以自己的境外自有资金实际直接向企业提供的贷款。

（十一）价格指数

居民消费价格指数 指度量消费商品及服务项目价格水平随着时间而变动的相对数，反映一定时期内居民家庭购买的消费品及服务价格水平的变动趋势和变动程度。居民消费价格指数变动率通常被用来作为反映通货膨胀（或紧缩）程度的指标。

工业生产者出厂价格指数 指反映全部工业产品出厂价格总水平变动程度的相对数，包括工业企业售给商业、外贸、物资部门的产品，还包括售给工业和其他部门的生产资料以及直接售给居民的生活消费品。通过工业生产价格指数能观察工业产品出厂价格变动对工业总产值的影响。

工业生产者购进价格指数 指反映全部工业原材料、燃料、动力购进价格总水平变动程度的相对数，用以观察和研究工业企业原材料价格变动对生产的影响，以及企业对原材料涨价的消化能力和承受能力，为制定价格政策提供依据。

（十二）居民收支

可支配收入 指调查户在调查期内获得的、可用于最终消费支出和储蓄的总和，即调查户可以用来自由支配的收入。可支配收入既包括现金，也包括实物收入。按照收入的来源，可支配收入包含四项，分别为：工资性收入、经营净收入、财产净收入和转移净收入。

消费支出 指住户用于满足家庭日常生活消费需要的全部支出，包括用于消费品的支出和用于服务性消费的支出。根据用途不同，消费支出可划分为食品烟酒、衣着、居住、生活用品及服务、交通通信、教育文化娱乐、医疗保健、其他用品及服务八大类。根据来源不同，消费支出可划分为现金消费支出、实物消费支出（含自产自用、来自单位或雇主、来自政府和其他社会组织）。

（十三）教　育

毕业生数　指上学年度内，具有学籍的学生学完教学计划规定的全部课程，考试及格，取得毕业证书，实际毕业的学生数。不包括结业生和肄业生数。

招生数　指新学年开始时，按照国家计划实际招收入学的新生数，不包括留级生和复读学生数。

在校学生数　指学年初开学以后，具有学籍的注册学生数。

教职工数　指在学校(机构)工作并由学校(机构)支付工资的教职工人数。教职工数包括校本部教职工、科研机构人员、校办企业职工、其他附设机构人员。

专任教师　指主要从事教育工作的人员，包括临时（一年以内）调去帮助做其他工作的教学人员；不包括调离教学岗位，担任行政领导工作或其他工作的原教学人员；不包括兼任教师和代课教师。

（十四）文化、科技

公共图书馆藏书　指各级文化部门举办的面向社会服务的独立的图书馆（不包括文化馆的图书室，也不包括文化系统以外的图书馆）藏书数量。

专利申请量　指企业在报告年度内向专利行政部门提出专利申请并受理的件数。

专利授权量　指企业在报告年度内获得专利行政部门授权的专利的件数。

（十五）卫生、体育

卫生机构　指从卫生行政部门取得《医疗机构执业许可证》，或从民政、工商行政、机构编制管理部门取得法人单位登记证书，为社会提供医疗保健、疾病控制、卫生监督服务或从事医学科研和医学在职培训等工作的单位。

卫生技术人员　指由卫生机构支付工资的全部固定职工和合同制职工中现任职务为卫生技术工作的专业人员，不包括从事管理工作的人员。

执业医师和注册护士　指领取医师执业证书和注册护士证书的人员，不包括从事管理工作的医师和护士。

体育场地　指专门用于体育训练、比赛和健身活动的，有一定投资的公益性或经营性体育建筑设施，包括必要的附属功能用房。

（十六）社会福利

社会救助对象总人数　指在报告期末生活在当地规定的最低生活保障线以下的家庭人员及国家规定由民政部门救济的特殊人员和上世纪60年代精简退职老职工救济人员等。

城市居民最低生活保障人数　指报告期末家庭平均收入在当地规定的最低生活保障线以下的城镇居民数，包括“三无”对象、失业人员和在职、下岗、退休人员等。

农村居民最低生活保障人数　指报告期末在建立农村最低生活保障制度的地区，得到当地政府或集体给予最低生活保障的农业人口家庭人数。

参加基本养老保险人数 指报告期末按照国家法律、法规和有关政策规定参加基本养老保险并在社保经办机构已建立缴费记录档案的职工人数，包括中断缴费但未终止养老保险关系的职工人数和参加基本养老保险的离休、退休和退职人员的人数，不包括只登记未建立缴费记录档案的人数。

参加基本医疗保险人数 指报告期末按国家有关规定参加基本医疗保险的人数，包括参加保险的职工人数和退休人员数。

参加失业保险人数 指报告期末按照国家法律、法规和有关政策规定参加了失业保险的城镇企业事业单位的职工及地方政府规定参加失业保险的其他人员的人数；参加失业保险人数为参加失业保险的职工人数。

（十七）开发区

已开发土地面积 指在规划范围内达到“七通一平”标准的，具备进行房屋建筑物施工或出让条件的土地面积。

已供应土地面积 指开发区内通过各种方式获得土地使用权的土地面积，包括出让、划拨、租赁等。

总收入 指企业全年的生产产品销售收入、技术性收入和与本企业产品相关的商品的销售收入、其它收入等各种收入的总和，总收入等于主营业务收入加上其他业务收入。总收入应按不含增值税的价格计算，不包括补贴收入、营业外收入、投资收益。

注册资本 指为设立经营企业在工商行政管理机关注册的资本总额。

合同外资金额 指批准的合同（章程）中，外商和港、澳、台商的出资额。

外商实际投资 指按合同规定的外方和港、澳、台方以现金、实物、工业产权及专有技术的计价实缴资本投资额。

应缴税金总额 指企业按国家规定应向税务机关缴纳各种税金的总额。主要包括应交增值税、应交所得税、营业税金及附加、管理费用中的税金等。